KB126454

거절당한 순간 영업은 시작된다

엘머 레터만 지음
유광선 · 최강석 옮김

와일드북
WILDS

제1차 세계대전 직후, 나는 중국에서 해병대 장교로 복무하다 부상을 당하게 되었고, 내 의사와는 관계없이 더는 군 복무를 할 수 없게 되었다.

그리하여 나는 민간인으로 돌아왔고 의사의 지시에 따라 밖에서 더 많은 시간을 보낼 수 있는 직업을 찾았다. 바로 집이나 사무실을 찾아다니며 진공청소기를 파는 외판원으로 일을 시작한 것이다.

하지만 벽에 구멍처럼 창문이 나 있는 사무실에서 근무하는 사람들이나, 꽁꽁 문을 걸어 잠그고 집안에 들어앉아 문조차 열어주려 하지 않는 사람들은 내 설득에 넘어가기는커녕 오히려 나를 설득하려는, 고집 센 사람들뿐이었다.

그러나 군 복무 때의 부상이 나를 세일즈맨으로 만들었다면, 나의 끈기와 고집은 나를 뛰어넘는 세일즈맨으로 발돋움할 수 있도록 하였다.

나는 처음 3주 동안 단 한 대의 진공청소기도 팔 수 없었다. 주변 사람들뿐 아니라 친구들조차 고개를 젓기 시작했고 그들의 속삭임이 내 귀에 들리기 시작했다.

"세일즈맨이 되기는 틀린 거 같아."

어느새 나도 모르게 자신감이 떨어지며 어느 시점부터인가는 그들의 속삭임에 동의하기 시작했다. 하지만 만나는 여성마다 항상 "아니오."라고 대답하는 것을 그대로 받아들일 수는 없었다. 내 설득에 절대로 넘어가지 않는 그들의 태도가 이해가 되지 않았다.

그러던 어느 날 일이었다. 내가 드디어 진공청소기를 팔게 된 것이다. 나는 기쁨에 넘쳐 그 집에서 환호성을 지르며 나왔다. 그리고 나는 상담을 하는 동안 어떤 일이 있었는지, 어떻게 판매가 성사되었는지 마음속으로 떠올려보았다.

이윽고 나에게 영업 능력이 있음을 깨닫게 되자 새로운 자신감을 안고 그 고객의 집을 떠날 수 있었다. 마침내 내가 세일즈맨이 된 것이다!

그 후 며칠 안에 나는 7대의 진공청소기를 더 팔 수 있었다.

그렇다. 나는 이 책의 제목에 전적으로 동의한다. 왜냐하면 직업적인 영업기술은 고객의 거절로부터 시작되기 때문이다.

'노'는 결코 답이 아니다. 그건 단지 도전일 뿐이다.

많은 사람이 이 책을 읽고 자신의 영업기술에 적용할 수 있다면 목적에 매우 유용할 뿐만 아니라 인생을 사는 데에도 커다란 도움이 될 것이다.

에릭 존스턴 - 미 영화협회 회장

이 책의 본문을 시작하기 전과 각 장이 끝날 때마다 '코칭 질문'이 할애되어 있습니다. 이는 국제코치연합과 그 밖에 전문가들의 도움을 받아 작성되었으며 이 책을 읽는 다양한 계층의 사람들에게 유용하게 쓰일 것으로 믿습니다. 아울러 이러한 코칭 질문은 독자 여러분의 통찰과 아이디어 도출 및 실행을 도울 것입니다.

이 책을 읽고 여러 방법 중 한 가지만이라도 영감을 얻어 성공하기를 희망하며, 자신의 상황과 스타일에 맞게 적용해보기를 권합니다. 모쪼록 이 책에서 제공한 '코칭 질문'을 활용하여 독자 자신의 통찰과 영감을 얻고 실행에 도움이 되기를 바랍니다.

코칭 질문의 활용법

◈ 혼자 코칭 질문을 활용하는 경우

혼자 독서하고 코칭 질문을 활용할 때는 펜을 이용하여 각 질문에 대한 답변을 적거나, 스마트폰, 컴퓨터 등을 활용하여 자기 생각을 적어보는 것을 권장합니다. 글로 적을 때 더 명료하고 체계적인 사고를 할 수 있으며, 실행 가능성이 커질 수 있습니다. 또한 추후 자신이 적은 것을 다시 읽어봄으로써 자기 생각 및 행동의 변화를 더 잘 알아차릴 수 있을 것입니다.

◈ 일대일로 코칭 질문을 활용하는 경우

독서 모임이나 세일즈팀에서 동료들과 함께 책을 읽을 때는 2명이 짝을 지어 코칭 대화를 나누어 볼 수 있습니다. 한 명은 코치 역할로 질문과 경청을, 다른 한 명은 그 질문에 대한 자기 생각을 답변하는 것입니다. 이때 코치 역할을 하는 사람은 자기 생각을 말하지 않고 상대방이 말할 수 있도록 기다려주고 경청하는 태도를 유지하는 것이 중요합니다. 답변하는 사람은 자신의 답변을 녹음하고, 모임 이후 녹음한 것을 다시 들어보면서 답변을 적음으로써 많은 도움을 받을 수 있을 것입니다.

◈ 소모임 토론 시 코칭 질문을 활용하는 경우

독서 모임이나 세일즈팀에서 진행자를 정하고 진행자가 코칭 질문을 하나씩 하며, 참가자가 순차적으로 한 명씩 자기 생각을 말하는 형태로 활용할 수도 있습니다. 이 경우 참가자 한 명당 답변 시간을 동일하게 보장하고 그 시간 동안 답변자 외의 사람들은 조용히 경청하는 태도를 유지하는 것이 중요합니다. 답변하기 전에 생각을 정리하여 메모하는 시간을 미리 가지는 것도 좋은 방법이 될 수 있습니다.

옮긴이 유광선 · 최강석

차례 CONTENTS

본격적으로 책을 읽기 전 아래 질문에 답해봅시다.

◆ 자신의 영업능력을 100점 만점으로 표현해본다면, 현재 몇 점 정도라고 생각됩니까?

◆ 만약 100점이 되었다면 어떤 모습일까요?

◆ 그때 자신의 말과 행동은 다른 사람들에게 어떻게 보일까요?

◆ 자신을 아는 사람들은 자신을 어떤 사람이라고 말해줄까요?

◆ 그 상태가 되면 자신의 일이나 삶에서 어떤 파급효과가 있을까요?

제1장

고객을 뜨겁게 달궈야 한다

책상 너머 남자가 수화기를 집어 들었다.

"브라운을 좀 바꿔주게."

그는 교환원에게 이렇게 말하고는 잠시 후 회계 담당자와 이야기를 시작했다.

"브라운인가? 지금 사무실에 레터만 씨가 와 계시네. 중요한 이야기 같아서 그러는데, 무슨 이야긴지 좀 들어보지 않겠나?"

잠시 침묵이 흘렀다.

"내가 그곳으로 안내하도록 하지요."

나는 이렇게 그 회사 대표의 간단한 소개로 회계 담당자를 만날 수 있었다. 물론 직접 그에게 전화를 걸어도 된다는 것쯤은 나도 잘 알고 있었지만 대표의 소개로 만나는 것이 유리한 상황일 것이라는 확신이 있었다.

세일즈맨에게는 팔아야 할 상품이 있고, 자신이 취급하는 상품이 가치가 있고 수요가 있다는 것을 잘 알고 있다. 또 어떻게 영업을 시작할지, 소비자의 질문에는 어떻게 대답할지 잘 알고 있다. 그런데도 판매를 성사시키는 데에는 여전히 어려움을 느낀다.

이유가 무엇일까? 많은 부분에서 착오가 있을 수 있겠지만, 무엇보다 판매 행위가 시작되기 전, 판매에 유리한 분위기를 만드는 법을 배운 적이 없기 때문이다.

회의 중에 비서가 들어와 "한스 씨라는 분에게 전화가 걸려왔습니다만……."이라고 말할 때가 있을 것이다.

"한스 씨라고? 잘 모르겠는데? 무슨 일인지 알아봐 줘요. 중요한 용건이 아니면 나중에 전화 달라고 하세요."

경영자라면 이런 경험은 누구에게나 있는 일이다.

아마도 전화기 저 너머에는 첫 번째 '노'를 듣기 전에, 판매의 기초를 닦는 데 필요한 방법도 모른 채 판매에 뛰어든 세일즈맨이 기다리고 있을 것이다.

그 사람은 언제쯤이나 서로 도움이 될 수 있는 '두 사람 간의 관계'라는 사실을 깨달을 수 있을까?

두 사람은 서로가 서로를 필요로 한다는 사실을 깨달아야 한다.

즉 세일즈맨은 고객에게 그 상품이 필요하다는 사실을 알고 있더라도, 고객은 상품에 대해 확신을 해야 한다. 다시 말해 세일즈맨에게는 판매를 위해 고객을 납득시켜야 할 막중한 책임이 있고, 비즈니스는 가장 유리한 조건에서 상호보완적이라는 사실을 깨달을 때 비로소 이루어지는 것이다.

'데일리 뉴스 레코드'의 편집자인 해리 리머는 이렇게 조언한다.

"고객에게 어필할 방법을 모색하라."
"상대방이 좋은 잠재고객이 될 수 있도록 분위기를 조성하라."

간접 영업의 기술이라 할 수 있는 이런 방법은 무수히 많다. 어떤 상품이 되었든 고객이 수용적인 분위기에서 받아들일 수 있도록 설명하는 방법을 알고 있어야 한다.

필자의 친구인 월터 힐은 애틀랜타에 있는 어느 할부 회사의 대표인데, 애틀랜틱 시티에서 열리는 보험회사 협회의 총회에 초대를 받아 자사가 제공하는 서비스에 대해 강연을 요청받게 되었다.

매우 훌륭한 장소였고 월터 힐은 열정을 가지고 준비를 했다.

총회에 도착해 보니 첫날 오후 안건에 대한 마지막 강연을 하는 것으로 되어 있었다.

총회는 몇 개의 위원회 보고와 짧은 강연으로 구성되어 있었고 순조롭게 진행되고 있었다. 얼마 후 의장이 단상에 올라, 이곳은 아름다운 햇살이 창문에 비치고 있지만, 다른 지역에는 많은 눈이 내리고 있다며 인사말을 꺼냈다. 그리고는 일정이 무난하게 끝날 수 있게 되어 무척 기쁘다고 말하며, 애틀랜틱 시티의 보드워크를 구경하는 즐거움에 대해 입이 닳도록 칭찬하기 시작했다.

이때 그의 비서가 일어나 의장의 귀에 대고 무언가를 속삭이자, 그는 약간 혼란스러운 듯 안경을 고쳐 쓰더니 총회 일정표를 응시했다.

그리고는 '음, 대단히 죄송합니다.'라며 "월터 힐 씨에게 사과해야 할 것 같네요. 월터 힐 씨가 오늘 자신이 경영하는 회사에 관해 얘기해야 하는군요."라고 말했다.

그러자 맨 앞줄에 앉아 있던 월터 힐은 자리에서 얼른 일어났지만 연단으로 걸어가지는 않았다. 그 대신, 열심히 준비해 왔던 그는 이렇게 말을 했다.

"의장님 말씀이 옳다고 생각합니다. 오늘은 아름다운 날이고, 애틀랜틱 시티의 유명한 보드워크 구경을 마다할 수 없는 날입니다. 제가 우리 회사에 관해 설명할 날은 많이 있을 겁니다. 의장님께서 허락하신다면 오늘 회의는 여기서 종료하는 것이 어떨지, 여러분의 동의를 구하고자 합니다."

"저는 그 모임 때문에 아주 유명해졌죠."
월터는 회고한다.

"저는 강연을 허락받지 않은 불청객으로 알려져 버렸습니다. 그렇지만 그 후 가장 우호적인 상황에서 모든 사람을 개별적으로 만날 수 있었죠. 몇 년이 지난 후 회의에 참석했던 사람들과 사무실에서 만나게 되어, 오히려 이 일에 대해 즐겁게 이야기를 나누고는 했습니다."

그렇다면 판매는 어떻게 하는 것이 좋을까. 이제 영업이 잘못된 경우를 살펴보자.

어느 날 어떤 사람이 전화로 내 이름을 확인하고는 무슨 상품을 보여주고 싶다고 했다. 그러나 나는 당시 그 물건을 구매할 수 없는 곳에 있다고 대답했다. 따라서 구매로 이어지지 않을 일로 우리 둘 다 오후 시간을 허비하지 않기를 바란다고 말했다.

그러자 전화 반대편의 보이지 않는 그 발신자는 말했다.

"나는 당신에게 아무것도 팔지 않을 겁니다. 레터만 씨, 우리 회사는 귀사에 일을 맡길 계획을 하고 있어요. 귀사가 지역사회에 단단한 입지를 갖고 있기에, 모두에게 유익하고 가치 있는 일을 할 수 있을 거로 생각합니다."

솔직히 난 이 말이 정직한 영업이 아니란 걸 알아채고 있었다. 하지만 그 사람에게 와도 좋다고 허락했다. 그러나 나를 만날 수 있다고 해서 그의 계획이 성공할 수 있을까? 천만에. 사실 그런 제안을 듣는다면 누구라도 흥분한 목소리로 면담을 약속할 것이다.

그러나 그에 앞서 나는 그가 전화로 말했던 '큰 선물을 기대한다.'라고 말하자, 그는 한 발 뒤로 물러나 내 방문 요청을 받아들이지 않았다.

나는 그가 나에게 어떤 종류의 제안을 할 것인지 알고 싶어 방문을 허락했던 것이다. 만약 전화로 그가 말한 제안을 내가 곧이곧대로 받아들였다면 큰 오해의 소지가 있다.

비록 내가, 그가 취급하는 상품을 절실히 원한다 해도 그에게서 물건을 살 것 같지는 않았다. 왜냐하면, 내 마음은 속임수로 접근한 이 세일즈맨에게 엄격히 맞서라고 거부하고 있었기 때문이다.

세일즈맨은 어떤 이야기라도 말할 수 있다. 하지만 듣는 사람에게 편견이나 혹해서 오해를 불러일으키는 말은 하지 않는 것만 못하다.

사람들 앞에서 말하는 것, 홍보하는 것도 간단한 일이 아니다. 잘못하면 안 하는 것보다 더 역효과를 낼 수 있다. 관심을 끌 방법들도 많지만, 그만큼 고객을 실망하게 하는 경우들도 많다.

주차해 둔 차를 향해 걸어가는데, 자동차 앞 유리 와이퍼에 끼워진 주차위반 딱지를 발견한 적이 있을 것이다. 그 누구라도 주차위반 스티커를 좋아하지 않는다. 따라서 다가가는 동안 급격히 기분이 나빠질 것이다. 가까이 가서 보니, 주차위반 스티커가 아니라 작은 광고 전단지이다. 그런데도 마치 주차위반 스티커를 발급한 것처럼 와이퍼 위에 떡 하고 올려놓은 것이다.

'이 멍청한 세일즈맨아. 제발 뒤집어 놓으라고!'

그 어떤 행동도 이보다 영업에 불리한 분위기를 만들 수는 없다. 하지만 어떤 세일즈맨은 전단지는 누군가에게 수거되고 읽힌다고 주장할지 모른다. 뭐, 맞을 수도 있다. 자동차 운전자에게는 잊기 어려운 기억이 될 테니까.

그러나 사람을 놀라게 하는 성가신 일로 기억될 것임에는 틀림이 없다. 그렇게 할 바에는 차라리 눈에 띄지 않게 하는 편이 훨씬 나을 것이다.

만약 그런 방법으로 광고하려는 사람이 영업에 관해 좀 더 사려 깊게 생각했더라면, 애초부터 주차위반 스티커로 오인할 수 있는 전단지를 만들지도 않았을 것이다. 물론 다른 장소나 다른 형식으로 그만큼 확실하게 관심을 끄는 방법은 드물다는 점을 인정한다.

하지만 불쾌감을 자극하거나 비난받는 것보다는 비록 적은 수의 사람에게 보일지라도 호의적인 반응을 얻어내는 방법이 훨씬 효과적이다.

덧붙여 아무리 설득력 있는 이야기라도 최상의 상황에서 이야기할 때 효과도 커진다. 이는 판매의 가능성을 높여주고, 무슨 말을 하려는지 듣고 싶어 안달인 상태가 되었음을 의미한다.

세일즈맨은 가끔 아무리 설득력 있게 말을 해도, 아예 마음을 열지 않거나 좀처럼 받아들이려 하지 않는 사람들을 만나게 된다. 그런 유형의 사람들은 세일즈맨에게서 한시라도 빨리 벗어나려 하거나, 짧은 시간 동안임에도 짜증을 내거나 마지못해 듣고 있는 표정을 할 것이다.

그런 사람과의 상담은 시간과 노력의 낭비일 뿐 판매로 이어지지 않는다는 것은 기정사실이다.

세일즈맨이 방문할 때 환영받는 방법이 있다. 바로 방문하기 전에 전화 통화로 사전 준비를 해두는 것이다.

고객의 첫 번째 반응은 포장에 불과하다. 그리고 영업은 고객이 거절할 때 비로소 시작된다.

이와 마찬가지로, 비록 고객 반응이 부정적일지라도, 적절한 상황에서 통화가 이루어졌다면 전망에 대해 비관적일 필요는 없다.

사전 작업에는 여러 가지가 있는데 그중 몇 가지의 예를 들어보려고 한다.

회사가 상품에 대해 광고를 하거나 홍보를 하면, 상품에 대한 이미지가 좋아지고 호응도 얻게 될 것이다. 반면 유명 상품 대신에 이름 없는 브랜드의 상품을 팔려고 하면 저항에 부딪힐 것이다. 잘 알려진 상품은 고객에게 보여주기만 해도 곧바로 판매로 연결되는 때도 있다. 이는 상품의 이름과 브랜드 이미지가 판매 자체를 훨씬 쉽게 만들기 때문이다.

내가 처음 단체보험 영업을 시작했을 때의 일이다. 그때는 단체보험에 대해 들어본 사람도 거의 없고 얼마나 유익한지도 몰랐다. 단체보험은 누구나 쉽게 계약할 수 있는 보험 상품이 아니었고, 특히 재무구조가 좋지 않은 회사들은 가입하기가 더욱 어려웠다. 따라서 새로운 단체보험 계약을 체결하고 나면, 다른 보험을 제안하기에 가능한 한 유리한 상황을 만들려고 모든 방법을 활용했다.

우리는 단체보험 계약이 체결되면 이를 신문사에 알렸고, 단체보험이라는 새로운 보험 상품이 지면에 오르고 광고에 실림으로써, 시간이 갈수록 대중에게 더욱 널리 알려지게 되었다.

이는 단체보험이라는 새로운 상품의 홍보에 엄청난 도움이 되었고, 나와 동료들 역시 보험 판매에 큰 도움이 되었다.

이쯤 되자 다른 회사들도 단체보험을 판매하기 시작했고, 더 적극적으로 판매에 열을 올리게 되었다.

사실, 나중에 시작한 회사들은 더 일찍 시작하지 않은 것에 대해 엄청나게 조바심을 냈고, 그들이 적극적으로 홍보하면 할수록 효과는 나에게 돌아올 뿐이었다.

나는 단체보험을 판매한 후에도 계약자를 이전처럼 똑같이 챙겨주려고 노력했다. 우리 회사가 단체보험 상품을 판매하면서 성장하는 모습을 지켜보았기 때문이다. 그리고 또 다른 회사에 보험을 판매하기 위해 이전의 경험을 활용할 기회를 늘 찾고 있었다. 그리고 마침내 그 기회가 찾아왔다. 미국 굴지의 은행한 곳과 단체보험 계약을 체결한 것이다.

그런데 불행히도 이 보험에 가입한 지 정확히 4일째 되는 날, 은행 직원 중 한 명이 사망하고 말았다.

보험의 미덕은 재난과 슬픔이 닥쳤을 때 신속하게 보험금을 지급하는 것이다. 우리 회사에서는 미망인에게 즉시 보험가에 해당하는 수표를 보냈다. 고인에게는 단체보험 외에 가입한 다른 보험이 전혀 없었다.

의심의 여지 없이 모든 보험사는 이런 경험을 할 것이다. 즉 보험 계약 후 불과 며칠 만에 피보험자가 갑자기 사망하는 일 말이다.

나는 유사한 상황에 대비하고 싶어 하는 사람들에게 이 사실을 알리고, 꼭 보험의 혜택을 누릴 수 있게 하고 싶었다. 나는 즉시 은행장에게 이 경험을 정리한 편지를 써달라고 요청했다. 그리고는 이 편지의 복사본을 다른 은행들에 보내, 단체보험의 중요성과 혜택에 대해 어필했다.

이것만이 아니었다. 단체보험에 가입한 지 얼마 되지 않은 한 고객에게 이 불행한 일에 관해 이야기하게 되었다.

"엘머, 우리 회사에서도 그런 일이 일어났다네. 가입한 지 4일째가 아니라 5일이었다는 것만 다르고 말이야."

나는 이 말을 듣고 놀라 아직 보험금을 청구하지 않은 것 같다고 말해 주었다.

"그는 보험에 가입하지 않았어. 그 직원만 보험에 가입하지 않았다네. 보험에 관심이 없다고 해서 말이야."

나는 다시 이 일에 관한 내용을 서면으로 정리해서 보내달라고 요청했다. 그리고 이 이야기가 다 작성되자, 나는 계약 가능성이 있는 모든 잠재고객에게 이 내용을 보여주었다. 그러자 그동안 나를 들여보내 주지 않던 사람들, 단체보험에 대해 아무것도 모르던 사람들, 심지어 단체보험에 적대적인 태도를 보이던 사람들까지 나에게 전화가 걸려오기 시작했다.

"엘머는 어디 있나?"

많은 잠재고객이 나를 찾았는데 들어본 적도 없는 사람들이 대부분이었다.

얼마 지나지 않은 어느 날 길을 가다 몇 달 동안 만나지 못했던 친구를 만났다. 그는 발끈한 것 같은 표정으로 나를 올려다보며 말했다.

"엘머? 여긴 웬일인가? 우리도 충분히 보험에 가입할 수 있겠지?"

그때 나는 이미 판매를 시작하는 데 유리한 분위기가 조성되어 있음을 알 수 있었다.

판매는 연쇄반응을 일으키는 것처럼 이루어질 수 있다. 문을 닫을 때마다 다른 하나의 문이 열리듯, 판매에서 판매로 꼬리를 물고 이어지며 끝이 없다. 그리고 이 연쇄반응이 제대로 일어나게 하는 세 가지 방법이 있다. 또 이 세 가지 모두를 적절히 사용하는 것이 중요하다.

첫 번째는 '연결된 체인' 방법이다.

A에서 B로, B에서 C로, C에서 D로 판매가 이어지도록 하는 것이다.

두 번째는 '중심인물' 방법이다.

이는 영향력 있는 인물을 중심으로 주변 인물로 판로를 넓혀가는 방식을 말한다. 예를 들어 A가 B, C, D의 구매에 영향력을 갖고 있다면, A와 거래가 성사되면 점차 B, C, D와도 거래를 성사시켜 나가는 방식이다. 비록 '연결된 체인' 방식이 한 사람 한 사람을 개별적으로 공략하는 방법이라고 하지만, 한 구매자에서 다음 구매자로 이동하면서 계속 한 사람의 중심인물을 기준으로 거래가 이루어질 수 있다.

마지막으로, '둥지 탐색' 방법이 있는데, 이는 병원의 모든 의사, 학교의 모든 교사, 회사 내의 팀원들과 같이, 밀접하게 연관된 집단을 판매의 타깃으로 삼는 방식이다.

이 모든 방법은 하나의 좋은 판매가 다른 판매로 이어지는 연쇄반응을 일으킨다. 누군가 당신에게 물품을 구매했다면, 그는 자신이 좋은 물건을 샀다고 믿고 싶어 하고 소유자가 된 것에 자부심을 가질 것이다. 또한 자신이 소유할 물건을 구매했기 때문에 자신은 일류 고객이라고 생각하고 싶을 것이다.

이제 그 고객은 당신을 위한 세일즈맨이 되어줄 수 있다. 미묘하게 때로는 공공연하게 주변에 호소함으로써 당신이 어려워하는 일을 해결해 줄 수도 있다.

세일즈맨이 취급하는 상품이나 서비스를 고객이 칭찬한다면, 세일즈맨이 직접 말하는 것보다 2배, 3배의 힘을 발휘한다. 당신에게 구매해서 만족은 하지만 침묵하는 사람을 말하게 하는 것, 세일즈맨을 대신해 선전하게 하는 영업의 기술을 발휘한다는 건 쉬운 일이 아니다. 이런 고객에게는 잠재고객일 때, 판매를 위해 설득하던 당시의 영업기술과는 전혀 다른 성격의 기술을 필요로 하기 때문이다.

고객은 아무리 좋은 상품을 구매해도, 밤잠을 설쳐가며 세일즈맨에게 도움 줄 수단을 취하지는 않는다. 이런 고객에게는 정중하게 질문을 던져, 이 상품을 구매함으로써 느낀 장점이나 유익했던 점들을 말해 달라고 요청해야 한다. 그리고 고객의 경험이 친구나 주변 사람들에게도 도움이 될 거라는 점을 암시하는 것이다.

그런 후 "제가 이 상품을 그분들에게 설명할 수 있도록 소개를 해주실 수 있겠습니까?"라고 묻는다. 이 정도면 당신의 전화를 거절하지 않도록 하는 데 충분하다.

다만 단순하게 "ABC사의 존 존스에게 내 소개로 찾아왔다고 말하세요."라고 말할 수도 있다. 하지만 직접 전화를 걸어주면 효과는 극대화될 것이다.

보통 대부분의 영업 상담은 평범한 감사의 말이나 작별 인사로 끝난다. 또는 "감사합니다. 도움이 되었네요."라고 말하고 악수를 한 뒤 서둘러 갈 길을 가기도 한다. 하지만 이는 아주 형편없는 결말이라 할 수 있다.

아직도 여전히 영업의 절반밖에 오지 않았기 때문이다. 고객이 친구들과 동료들에게 당신을 소개해 줄 수 있도록 해두어야만 상담이 제대로 이루어졌다고 볼 수 있다.

모든 판매는 한 번 성사되면 다음 판매로 이어진다!

만약 사전 작업이 적절히 이루어졌다면 "같은 업계에 계신 분을 소개해 줄 수 있나요?"라고 물어볼 필요도 없다. 그 대신 고객 쪽이 마치 세일즈맨의 부탁이라도 받은 것처럼, 고객 자신의 경험을 지인들에게 알려주고 싶어 하거나, 세일즈맨을 만나보라고 부탁할 것이다. 물론 소개를 거절하거나 다른 제안을 제시해 달라고 요청하는 고객들이 있는 것도 사실이다. 또는 "내 이름을 팔고 다니지 말라."고 훈계하는 사람도 있을 수 있다.

이럴 때를 대비해 "친구분을 방문하러 갈 때, 제가 고객님을 알고 있다고 말해도 괜찮겠습니까?"라고 미리 한마디 해둠으로써, 거절을 미리 차단하는 것도 좋은 방법이다.

고객을 찾는다는 건 금맥을 탐색하는 것과 같다. 금맥은 우연히 발견될 수도 있지만, 체계적이고 합리적인 방법으로 찾아낼 수 있다. 때로는 좌절감을 느낄 수도 있고 큰돈을 벌게 해줄 수도 있다.

나와 동료들은 캔자스시티의 카츠 제약회사와 계약을 맺은 다음 날, 잉크가 종이에서 마르기도 전에, 모든 주요 약품 소매

상들에게 편지를 썼다.

그 편지에는 보험 서비스에 관해 설명하고, 우리가 약품들을 다루는 데 있어 매우 소중한, 축적된 경험이 있다고 하였다. 그러자 펜실베이니아주, 텍사스주, 웨스트버지니아주, 그 외 다른 곳에서도 관심을 표명하는 답장을 받을 수 있었다.

비록 우리의 편지가 일부는 쓰레기통에 버려졌다 해도, 우리 회사를 약 200개의 소매상에게 알리고, 최상의 환경에서 우리를 소개할 수 있었다. 그것은 노력할 만한 가치가 있었다.

답장을 보내준 회사들은 우리의 편지가 도착하기 전부터 우리 회사에 대해 관심을 두고 있었을지 모른다. 하지만 아무것도 없는 상태에서 영업을 시작하는 것보다 얼마나 더 많은 거래가 이러한 편지로 이루어지는지를 알게 되면 매우 놀랄 것이다.

진취적인 세일즈맨들은 전력을 다해 수많은 새로운 만남과 새로운 잠재고객을 찾아낸다.

고객 한 명으로부터 친구와 친척 또는 다른 고객으로 판매가 이어지는 것이 영업의 이치다. 냉담하고 준비되지 않은 영업으로는 이런 연결고리를 만들어내기 어렵고 효과도 거의 없다.

내 경험에 따르면 모든 거래는 하나가 성사되면, 너무나 많은 잠재고객이 생겨나기 때문에 어둠 속에서 헤매는 듯한 막연함은 사라진다.

"내가 가치 있는 것을 갖고 있지만, 아무리 발버둥을 쳐도 고객에게 접근할 방법이 없을 때는 어떻게 하죠?"

어떤 젊은 세일즈맨이 이렇게 물었다.

"누군가에게 다가가는 방법은 반드시 있어요. 영업이나 업계에 관한 지식을 담아 편지로 써서 보내보세요. 다만 전화를 걸거나 이름을 알리는 것보다는 더 좋은 방법을 찾지 못한다면, 직접 찾아가서 해결하는 '정면돌파'법을 알아둬야 합니다."

특히 참고 서적이나 화장품 등의 제품 유통에서 '정면돌파'법의 성과는 부정할 수 없다. 이 책의 후반에, 나는 다시 구체적으로 그 가능성에 관해 설명할 것이다. 그러나 여기서는 사전 판매 분위기를 적절히 활용할 수 있어야 한다는 점을 강조하고 싶다.

내 절친한 친구 밀턴 비오가 광고업계에서 달성한 성과는 여기서 언급할 필요도 없을 만큼 엄청난 것이었다. 그는 자신의 회사가 새로운 사업으로 에이전시를 운영하고 있느냐는 질문에 부정적으로 대답했다.

"모두 개별적으로 접촉하나요?"

질문은 계속되었다.

"네, 아주 많이요. 어떤 사람들은 우리에게 광고 발주를 위해 전화를 걸어올 수도 있고, 우리가 누군가에게 전화를 걸어 광고를 수주할 수도 있어요. 우리는 어떠한 특별한 요구도 하지 않아요. 우리는 고객 모두가 새로운 사업의 원천이라고 생각합니다. 만약 우리가 우리의 고객들과 같이 일할 수 있다면, 그 시너지로 인해 엄청나게 많은 새로운 사업들이 생겨날 것입니다."

이 점은 친구가 들려준 이야기로 잘 설명될 것이다. 이 친구는 보스턴에 있는 대기업 회장을 만나려고 2년 동안 네 번이나 전화를 걸었지만, 매번 문전박대를 당할 뿐이었다.

"나는 2년 동안, 우리 회사의 보험에 가입한 그 회사 사람들을 충분히 설득하고 이해시킬 수 있었다. 하지만 단체보험으로 계약을 변경하는 일은 회장의 승인을 받아야 했다.

사원들은 준비가 되어 있었지만 회장의 승인을 받는 일은 나의 몫이라고 생각했다. 큰 회사였고 큰 계약이 걸려 있는 거래였다. 하지만 아무리 노력해도 회장이 나를 만나주지 않아 크게 낙담하고 있었다.

나는 그 회장실을 떠나 그동안 알고 지내던 다른 회사를 방문했다. 그 회사의 오너는 우리 회사의 보험 서비스와 성장하는 모습을 칭찬해 주었고, 영업 측면에서도 많은 도움을 주고 있었다.

내가 아무리 노력해도 만나주지 않는 사정을 이야기하자, 오너는 다음 날 그 회장과 골프 약속이 있다고 말해 주었다. 4명이 두 개 조로 나눠 골프를 칠 예정인데, 상대편 두 사람도 생명보험 회사 오너로 자신이 잘 알고 있는 사람이라고 했다. 이들은 수년 동안 7월 4일 독립기념일에 함께 골프를 치면서 오랫동안 친분을 쌓아온 사람들이었다.

호텔로 돌아온 나는 그 생명보험 회사 오너들에게 장거리 통화를 했다. 다행히도 나의 요청에 대해 두 오너는 자신들의 경험을 살려 사전 준비를 하기로 동의해 주었다. 그리고 7월 5일, 두 사람과 나의 멘토는 이번에는 따뜻하게 맞아줄 것이라고 알려왔다.

마침내 그 대기업 회장을 만날 수 있었고, 그를 방문해서 계약을 따낼 수 있었다. 아래층으로 내려온 나는 직원들을 향해 계약서를 보여주며 환호성을 내질렀다.

이번에는 정말로 파란불이에요."

한번은 아동복 제조업자를 만나 보험 계약 상담을 하다가 다른 의류보다 아동복이 잘 팔린다는 사실을 알게 되었다. 성인 의류는 잘 팔리지 않는 시기가 있지만, 아동복은 기복 없이 잘 팔리고 있었다. 아동복 시장에 대한 조사를 통해, 계절적 효과, 고용, 기업 규모, 자본 투자 상황에 따라, 어떻게 이익을 낼 수 있는지 가능한 한 다양한 지식을 얻으려고 했다.

나는 내 영업과 직결되는 일이기도 해서 마치 내 일인 것처럼 연구했다.

아동복 제조업자와 보험 계약을 마쳤을 때, 나는 아동복 협회의 회원 명부를 입수할 수 있었고, 이 첫 번째 거래 성사 후 다른 모든 아동복 경영자들에게까지 다가갈 수 있었다. 이들 중 요한 회사에 다가가기 위해 많은 준비를 했고, 작성한 편지를 밤늦게까지 난롯가에서 읽어가며 고쳐 썼다. 그리고 이런 치밀한 사전 작업 덕분에 훗날 내가 찾아갔을 때 마치 오랜 친구라도 만나는 것처럼 반갑게 맞아주고 이야기를 들어주었다.

나는 아동복 협회에 가입된 모든 회원사와 계약을 체결할 수 있었다. 모든 새로운 계약들은 접촉이든 홍보든 선의를 통해 이루어지는 기초 작업을 통해 이루어진다.

이 사전 작업은 새로운 계약을 따내는 데 얼마나 영향을 미쳤을까? 어떤 의미에서 전부라고 할 수 있고, 모든 성과는 사전 작업이라는 씨앗의 결과물이다. 뿌려진 씨앗 자체는 결코 식물이라고 할 수 없다. 하지만 모든 식물은 바람에 의해서든 사람의 손에 의해서든 반드시 뿌려진 씨앗에서 비롯된다.

판매 이전에 신뢰를 쌓는다는 것은 무엇보다 중요하며, 신뢰를 쌓기 위해 세일즈맨이 전력을 다하는 모습은 결국은 계약을 성사시키는 데 도움이 된다. 상품을 파는 데에만 초점을 둔 직접적인 방식보다, 먼저 신뢰를 쌓아가는 간접적인 접근법은 시

간이 더 많이 걸릴 수 있다. 하지만 성공을 향해 가는 길에 지름
길은 있을 수 없다.

　일부 세일즈맨들 중에는 상품의 가치가 변하지 않는 한 판매
방법이나 기술이 성과를 크게 좌우하지 않는다고 생각한다. 하
지만 이는 현실을 잘 모르는 생각이다.

　아는 세일즈맨 중에 중장비와 금속공장에서 사용하는 절삭
유(금속 재료를 가공할 때, 마찰을 줄여 발생하는 열을 제거하고 가공하는 면을 곱게
하며 공구를 보호하기 위해 치는 기름)를 취급하는 사람이 있는데, 이 사
람이 다니는 회사 연구소에서 새로운 절삭유를 개발해냈다.

　회사 경영진은 특수 분야에서 이 절삭유가 쓰일 거라며, 잠
재고객사에 샘플과 함께 구매부서의 주의를 끌 만한 신제품에
관한 안내장을 보냈다. 하지만 그 회사뿐만 아니라, 유사한 방
식으로 샘플을 보냈던 몇몇 다른 회사들로부터도 아무 소식이
없었다. 이 계획들이 전부 수포가 된 것이 아닐까 하는 초조함
이 느껴졌다.

　곧바로 회사는 세일즈맨 및 관계자들과 영업 회의를 했고,
연구소에서 나온 연구자가 짧은 발표를 하게 되었는데, 새로운
절삭유의 품질에 관한 이야기가 언급되자 사람들이 귀를 쫑긋
세웠다.

　그 세일즈맨은 처음 듣는 이야기였다. 하지만 이 절삭유가

어디에 사용될 수 있을지 자문하며 머리를 쥐어 짜내기 시작했다. 그리고는 공업설비 광고를 취급하는 광고대행사에 있는 가까운 친구에게 전화를 걸어, 그의 소개로 근처 한 회사의 담당자를 만나기로 약속했다.

그는 면담에서 자신의 계획을 알려주고 그곳을 나와 득의양양한 발걸음으로 연구소로 향했다. 다음번 방문 시에 맞닥뜨리게 될지 모를 기술적 질문에 대처하기 위해, 개발자 중 한 명에게 동행을 요청하기 위함이었다.

하지만 실망스럽게도 세일즈맨이 방문하기로 한 그 회사에는 이미 샘플과 안내장이 보내진 상태였지만 아무도 관심을 보이지 않고 있었다.

"음, 이미 약속은 정해졌으니 개발자와 함께 그 회사를 방문해 보는 게 좋겠군."

며칠 후 약속한 날에 그 회사를 방문했을 때, 대표와의 면담이 이루어졌다. 알고 보니 대표도 관심을 두고 있었고 광고대행사의 친구는 이 회사 대표의 두터운 신임을 받고 있다는 사실까지 알게 되었다.

그 대표는 오히려 친절히 회사의 영업부장, 연구부장, 생산부장까지 불러 설명을 들을 수 있게 해주었다.

세일즈맨은 이전에 안내장과 제품 샘플을 한번 보낸 적이 있는데, 이유는 알 수 없지만 관심을 끌지 못한 것 같다고 솔직히 말했다.

물론 그 회사가 견본을 살펴보지 않은 건 아니었다. 회사는 절삭유에 대해 일상적인 실험을 해보았지만, 뭔가 부족한 점이 발견되어 구석에 박혀 나뒹굴고 있었던 것이다. 그런데 세일즈맨을 만나본 뒤로 신제품 절삭유에 대한 실험이 다시 한번 이루어졌고, 개선을 요청하기 위해 이들의 면담 요청을 받아들인 것이다.

회의가 끝날 무렵, 세일즈맨은 신제품에 대한 첫 주문을 받고 회의실을 나설 수 있었다.

이 이야기에서는 아주 많은 교훈을 얻을 수 있고 이 자체가 토론의 기초가 될 수 있다. 누군가는 서면으로 대응하기보다는 직접 찾아가서 만나는 것이 효과적이라고 말할지 모른다. 또 회사 영업부와 연구부서 간의 조율이 부족하다는 점에 아연실색할지도 모른다. 물론 그런 비판이 나쁘다고 할 수는 없다.

세일즈맨은 자기 회사에서 샘플을 보내 접촉을 시도했다는 사실쯤은 알고 있어야 했다. 그러나 이 모든 것들은 논외의 부차적인 문제에 불과하다.

우리가 직면하고 있는 중요한 문제는 성공과 실패를 가르는 차이가 무엇인가 하는 점이다. 상품의 특성 때문일까? 천만에!

그럼 가격 때문이었을까, 경쟁 때문이었을까? 모두 아니다.

그도 저도 아니라면 질문에 대답할 수 있는 개발자가 있어서 성공했을까? 그렇지 않았다.

원래 안내장과 샘플은 연구소에서 발송했고, 편지에는 의문 사항에 대해 어떤 질문이라도 해달라고 되어 있지 않던가?

성공과 실패를 가른 것은 친구의 소개라는 사전 준비로 인해, 이야기를 들어줄 우호적인 분위기가 만들어진 것 때문이다.

◆ 자신의 상품 및 서비스는 무엇인가요?

◆ 자신의 목표 고객은 누구라고 할 수 있나요?

◆ 자신의 잠재고객에게 호감과 신뢰를 얻을 수 있는 방법 4가지가 있다면 어떤 방법일까요?

◆ 기존 고객을 통해 새로운 고객을 발굴하기 위해 보완하거나 개발할 점에는 어떤 것들이 있을까요?

◆ 오늘 자기 전까지 무엇을 실행하겠습니까?

제 2 장

고객이 즐거우면 성과도 오른다

한 남자가 파리의 어느 호텔 로비에 앉아 있었다. 거래를 위해 자신을 만나러 오는 사람을 기다리는 것이었다. 그리고 근처 의자에는 어떤 신사가 앉아 있었다. 무심코 바라보니 그 신사는 주머니에서 열쇠 꾸러미를 꺼냈다. 꾸러미에는 작은 주머니칼이 매달려 있었는데 알로하라는 단어가 새겨져 있었다.

그는 믿을 수 없다는 표정으로 바라보다 자리를 박차고 일어나 낯선 신사가 앉아 있는 곳으로 걸어갔다. 그리고는 친숙한 모국어로 물었다.

"우리는 서로 엘머 레터만이란 사람을 알고 있지 않나요?"

이게 바로 뉴욕 알곤킨 호텔의 경영자인 벤 보드네가 필립 모리스 이사회 회장인 알프레드 리옹을 처음 만나는 장면이다.

작은 주머니칼, 이것은 비싼 것도 아니고 과장되어 보이지도 않았다. 다만 어딘가 좀 독특했고 흔치 않아 보였다. 왠지 모르게 눈길을 끄는 칼은 그것을 준 사람을 기억하고 떠올리게 하며 간직하게 할 만한 것이었다.

이 이야기는 영업과 쇼맨십을 동의어로 보는 내 생각을 뒷받침하는 무수한 이야기 중의 하나이다.

모든 세일즈맨은 말하자면 두 가지의 얼굴을 가지고 있다.

하나는 그 사람의 성격, 설득력, 지식, 성실성으로 이루어져 있다.

다른 하나는 그 사람의 평판, 신망, 명성으로 이루어져 있다.

전자는 그 사람이 실제로 가지고 있는 능력이고, 후자는 세상이 그 사람이 가지고 있다고 평가하는 자질이다.

세일즈맨은 자신의 능력을 발휘하기 전에, 자신과 자신의 이름을 미래의 고객들에게 알려야 한다. 세일즈맨은 또한 미래의 고객에게 다가가는 방법을 알고 있어야 하며, 혹은 고객이 세일즈맨인 자신에게 닿을 수 있도록 하는 무언가를 가지고 있어야 한다. 이는 가장 유리한 상황에서 거래 상담이 이루어져야 한다는 걸 의미하고, 유리한 상담이 이루어지도록 방법을 궁리해야 한다는 걸 의미하기도 한다.

수많은 브랜드와 수많은 판매자는 모두, 소비자의 환심을 사기 위해 치열하게 경쟁한다. 이렇게 경쟁이 치열한 세상에서 어떤 사람은 많은 돈을 벌고 다른 누군가는 벌지 못하는데, 거기에는 분명 타당한 이유가 존재한다. 사실 많은 이유가 있다. 그중의 하나가 바로 쇼맨십이다.

세상 사람들은 자주 듣는 이름, 신문이나 책을 통해 알게 된 친숙한 이름들을 신뢰하는 경향이 있다. 반복해서 들은 친숙한 이름들은 특정 회사나 상품과 연결되며, 사람들은 본능적으로 '반드시 좋은 것'이라는 이미지를 갖는다.

여기에는 무형의 것도 있고 유형의 것도 있다. 그래서 어떤 상품이 되었든 유명하지 않은 것은 더욱 가격을 내려도 쉽게 점유율을 높이지 못한다. 반면 잘 알려진 이름들은 그 이유만으로 계속 잘 팔려나간다.

고객은 평판을 중시하기 때문에 가격이 저렴하다고 해서 반드시 구매하는 것은 아니다.

이런 명성은 광고를 통해 얻을 수 있는데 이는 판매의 한 기법일 뿐이다. 명성은 개인이든 회사든 방법에 따라 소규모 또는 대규모로 얻을 수도 있고, 광범위하게 또는 협소하게 얻을 수도 있다.

나 자신을 팔아라

이는 당신 회사의 이름 또는 당신의 이름을 팔라는 의미다. 이것들을 대중 앞에 가져와, 많든 적든 쉽게 잊히지 않도록 극적인 방법으로 알려야 한다. 이때 중요한 것은 극적이되 좋은 느낌을 유지해야 한다.

쇼맨십은 세일즈맨의 이름과 상품을 동일시하게 하고, 잠재적 구매자들이 호의적으로 생각하게 만든다. 쇼맨십은 세일즈맨의 개성을 유리하게 만들어주기도 한다. 인간은 원래 특이한 것에 마음이 끌리는 습성이 있기 때문이다.

누구든 내 사무실에 들어와서 한번 살펴보기를 권한다.

사무실에는 온갖 물품들이 파노라마처럼 펼쳐져 있다. 벽에는 많은 그림이 걸려 있고, 내가 사용하고 있는 편지지, 장부, 자와 같은 각종 사무용품들, 약 30년 전으로 거슬러 올라가 신문 스크랩 파일들이 있는데, 어디를 봐도 슬로건과 함께 내 이름을 딴 '엘머 G. 레터만 컴퍼니'라는 이름이 있어서 머릿속에 오래 기억될 것이다.

책상 위에는 여러 회사가 기념품으로 배포하는 것과 유사한 금속 자가 있다. 이 금속 자 위에는 우리 회사명이 새겨져 있고, 단체보험 계약을 체결한 몇몇 고객사들의 이름도 새겨져 있다.

이 자체로도 광고가 되지만 "단체보험에 대해 레터만과 상의하기 전에는 한 발자국도 움직이지 말라."는 슬로건이 적혀 있다.

이것이 쇼맨십이다.

이는 단순히 자에 극대화된 작은 슬로건에 불과할지 모른다. 하지만 사람들이 레터만에 대해 이야기를 하고, 레터만을 떠올리고, 자신들의 문제에 대해 조언을 구하고자 할 때, 레터만을 만나기로 할 것이다.

이 정도면 충분하지 않은가?

이것은 하나의 아주 작은 수단이지만 대중들이 이름을 기억하는 데 도움이 된다.

큰 회사들은 매일 라디오나 TV, 신문, 잡지, 광고판, 그리고 다른 매체를 통해 홍보할 수 있다. 하지만 위의 방법으로 작은 회사들도 얼마든지 홍보할 수 있다.

내 사무실을 둘러보면, 여기저기에 여러 사람의 사진이 걸려 있는 것을 보고 놀라게 될 것이다. 보험 문제를 해결해 준 것에 감사를 전해온 드라마틱한 사진, 고객과 친구들의 자필 서명이 들어간 사진들이다.

내 사무실을 방문하는 많은 방문객의 주의를 끌기 위함이고, 잠재고객들을 포함해 이 사람들이 나의 고객들이라는 것을 보여주기 위한 것이다.

쇼맨십, 과연 무엇을 의미할까

나의 고객인 미국 궐련 제조업협회를 예로 들어보겠다.

일반적으로 사무실에는 매일 많은 방문객이 드나든다. 지금은 그렇지 않지만 불과 몇 년 전만 하더라도 손님들은 안락한 의자에 앉아 휴식을 취하거나 담배를 꺼내 불을 붙이고 담배를 피운다.

하지만 이 협회는 달랐다.

이 협회는 글을 쓰기 위해 궐련을 꺼냈다!

협회는 고객과 좋은 관계에 있다는 감사의 표시로 시가 형태로 연필을 만든 것이다. 외관은 놀라울 만큼 똑같았다. 심지어 말려진 밴드도 진짜와 구별하기 어려울 정도로 흡사하다. 여기서 느낄 감동을 상상해보자.

처음 협회를 방문한 손님과 상담을 위해 마주 앉아 있는 모습을 상상해보자. 숫자에 대해 논의를 하면서, 서랍에서 꺼낸 종이와 함께 주머니에서 궐련 펜을 꺼낸다. 그러면 상대방은 "아니오. 고마워요."라고 말하며 거절한다.

글을 쓸 수 있는 궐련을 꺼낸 것이다! 즉시, 계산하고 있던 수치들은 잊히고, 모든 스포트라이트는 향기롭고 유혹적인 연기를 불러일으킬 것 같은 궐련 펜에 집중된다.

쇼맨십이 특별한 기술은 아니라고 생각한다. 내가 말하는 쇼맨십은 궐련 펜을 꺼내는 행동 같은 것을 의미한다. 다른 모든 것들이 잊히더라도 회사나 세일즈맨의 이름이 기억되는 한 홍보는 성공한 것이다. 하지만 이렇게 갑작스럽게 사람의 눈길을 끄는 극적인 연출은 위험성도 내포하고 있다. 좋은 느낌을 주는 선에서 이루어지지 않으면 역효과를 낼 수 있는데, 고객의 눈길을 끌어 구매로 연결하는 것은 결국 마음의 문제이기 때문이다.

미국에서 크로스워드 퍼즐 열풍이 불던 첫날을 기억하는가? 출판업자들은 책의 형태로 퍼즐을 발행하기 시작했지만 거의 성공하지 못했다. 사이먼 앤 슈스터 출판사가 연필과 책을 함께 파는 아이디어를 생각해내기 전까지는 말이다.

이 책을 사는 사람들이 출판사의 연필이 필요했을까? 일부는 그랬을 수도 있다. 하지만 다른 출판사들은 아무도 사이먼 앤 슈스터처럼 연필과 퍼즐 책을 함께 팔지 않았다. 그러자 점차 사람들은 다른 퍼즐 책이나 출판사들은 머릿속에서 잊어버렸다.

약간 단순한 방법이지만, 나 역시 비공식 편지나 메모를 보낼 때 비슷한 시도를 한 적이 있다. 보통 회사 안에서뿐만 아니라, 다른 사람에게 간단한 서면을 보낼 때, 맨 위 종이에 작성자의 이름을 표기한다.

하지만 우리 회사에서 사용하는 서식만큼은 사람들의 눈길을 끌고, 다른 회사 것보다 추가적인 매력이 있어야 한다고 느꼈다. 뭔가 색다르고 특별해서 기억에 남는 것이어야 한다고 생각했다.

그리고 매년 봄이 되면 미국에서 불붙기 시작하는 야구 열풍에서 힌트를 얻게 되었다.

시즌 개막전이 다가오면 4페이지짜리 노트를 만들어, 맨 윗장에 야구장을 배경으로 내 사진을 넣고 "여기에 던져!"라는 슬로건을 겹쳐 썼다. 페이지를 넘기면 '레터만사의 엘머 레터만으로부터'라고 표시해 두고, 간단한 용건을 적은 뒤 내가 보내고자 한 사람의 이름을 기재했다.

여러분이 일단 브로바 시계로부터 서신을 받아 보았다면 그 회사의 이름을 절대 잊을 수 없을 것이다. 왜냐하면 서신 윗부분의 날짜 옆에 보낸 시간까지 써넣기 때문이다. 즉 서신에는 ○○○○년 ○월 ○일 오후 ○시 ○○분, 브로바 시계의 시간'이라고 되어 있다.

그렇다면 브로바 시계 회사가 서신 업무를 어떻게 하는지 특별한 점을 살펴보자.

편지에 날짜를 기입하는 것은 분명 매우 중요하지만, 그것이

오전인지 오후인지를 신경 쓰는 사람은 거의 없다. 이것이 바로 브로바의 서신을 흥미롭게 하는 부분이다. 아무도 이렇게 하지 않던 시절에 특이한 방법으로 회사 이름과 상품에 관심을 끌게 한 것이다.

회사 이름은 서신 위나 아랫부분에 적혀 있지 않으냐고 반박하는 사람도 있을 것이다. 물론 그렇지만 그런 경우는 오래 기억에 남지 않을 것이다.

한편, 라디오나 텔레비전에서 자주 듣거나 볼 수 있고, 하루의 일상과 얽매여 떠오르게 하는 슬로건은 쉽게 잊히지 않는다. 당시 브로바가 '시간의 파수꾼'으로 매우 인상적인 느낌을 불러 일으킨 이유이다.

쇼맨십은 세일즈의 강력한 도구가 된다. 이것은 미국 최고의 세일즈맨들의 경험을 통해 확인할 수 있다.

미국 유명 백화점 매니저인 친구에게 들었던 두 가지 일화를 예로 들어보겠다.

나는 매니저에게 김벨 브라더스 백화점의 조셉 에크하우스의 세일즈 방법이 무엇이고 어떻게 성공했는지 말해 달라고 요청했다.

그는 즉시 매우 극적인 사건 하나를 떠올리고는, 비서에게 부탁해 몇 년 전 뉴욕 타임스에 실린 광고 하나를 가져왔다.

광고 중심에는 무언가가 둥그렇게 둘러싸여 있는 사진이 있었다. 마치 거대한 구름처럼 수북이 쌓인 하얀 비료였다. 그리고 사진 위에 '김벨의 비료는 아름다운 세상을 꿈꾼다.'라는 문구가 겹쳐져 있었다. 그리고 밑에 또 문구가 들어 있었다.

'이 매장의 벽은 분홍색과 초록색으로 우아하게 칠해져 있습니다. 하지만 우리는 예나 지금이나 현실주의자입니다. 여기에는 흙에서 비롯되고…… 흙내 나는 무언가가 항상 있습니다. 우리가 기르는 꽃이 숨 막힐 정도로 아름다운 이유는 김벨의 비료와 퇴비가 있기 때문입니다.'

광고는 계속해서 제품을 자세하게 설명하고, 가격이 매겨져 있으며, 다른 원예 제품들을 예쁜 상자에 담은 사진이 있었다. 그리고는 '선물용으로 포장해 드릴까요?'라고 덧붙여 있었다.

광고 기획자는 광고를 보는 사람에게 마치 유쾌한 농담을 던지는 것처럼 물었다.

'물론 그럴 필요는 없겠지요. 이것은 단지 우리 매장의 분위기를 조금 알려드린 것뿐입니다. 그럼 편지나 전화를 주십시오.'라고 맺고 있었다.

좀처럼 눈에 잘 띄지 않는 그 매장에서 내놓은 광고에 사람들은 어떻게 반응했을까?

"엘머! 말 그대로 큰 반향을 불러일으켰어."

조셉이 의자에 등을 기대며 유쾌한 표정으로 말을 이어갔다.

"문자 그대로 수천 통의 편지를 받았지. 호의적인 편지뿐 아니라, 뉴욕에서 온 편지 중에는 이 광고가 야비하기 짝이 없다고 비난하는 내용도 들어 있었지. 하지만 북부와 중서부 농부들이 보내온 편지 중에는 비료가 얼마나 소중한 것인지, 우리 매장을 통해 알게 되어 기쁘다는 내용도 있었고, 한 농부는 이 광고가 현실이 되었다고 기뻐하기도 했지."

"판매는 어땠나요?"

"몇 톤은 팔았지. 광고비를 충당하고도 남았으니까. 하지만 더 중요한 건 광고가 큰 반향을 불러일으켰고, 사람들의 마음을 사로잡아 계속 입에 오르내리게 된 것이지. 많은 매체가 이 특별한 광고 기법을 앞다퉈 조명하더군. 타임스지와 뉴스위크지를 비롯해 수많은 잡지에서 다루어졌으니까. 몇 주 동안은 비료를 보려는 사람들로 북적였는데, 손님들은 다른 상품들도 많이 사 가더군."

"예를 들면요?"

"향수 같은 것들이지."

그가 미소로 대답했다.

비록 이 비료는 광고에서 보여주는 것처럼 화려한 포장지에 넣지는 않았다. 그럼에도 불구하고 포장은 쇼맨십 일부이며, 모든 백화점 직원이 언제나 확인하는 것처럼 영업 스킬의 일부라고 할 수 있다.

쇼맨십은 작거나 크게 변화를 줌으로써 차이를 만들어내는 것이며, 고객 응접실을 화려하게 꾸미거나 소박하게 꾸미는 작은 전환이라 할 수 있다.

나는 1년 동안 많은 선물을 받지만 받은 것보다 더 많이 주려고 노력한다. 하지만 최근에 '해피 데이즈 Happy Daze(몽롱하다)'라고 쓰인 카드와 샴페인 한 병을 받았는데, 그 말을 잊지 않을 거라는 깨달음에 큰 감명을 받았다. 샴페인을 즐긴 지 한참 후에, 정신이 몽롱한 느낌이 묘하게 들어맞아 감탄하고 말았다.

쇼맨십은 유머다. 또한 유머는 너무나 자주 세일즈맨십의 일부로 활용되기 때문에, 기회가 있을 때마다 유머를 발휘할 수 있다면 좋을 것이다.

어느 날, 한 호텔에서 있었던 모임에서 '사람과 동물의 차이점은 무엇인가?'라는 흥미로운 주제로 이야기꽃을 피운 적이 있다.

참석자 중에는 '사람은 말을 할 수 있다.'라고 의견을 제시하는 사람도 있고, '사람은 자연을 정복하고 인간의 삶에 부합되게 변화시킬 수 있다.'라고 주장하는 사람도 있었다. 여기에 대해

'동물도 마찬가지로 인간만 그럴 수 있는 것은 아니다.'고 말하는 사람도 있었다. 그중의 또 다른 한 사람이 '사람은 웃을 수 있다.'라고 말했다. 이 사람은 내가 잊을 수 없는 설명을 이어갔다.

'인간의 웃음소리는 하이에나가 울부짖는 소리처럼 단순한 육체적 행동이라고 할 수 없다. 행복할 때, 즐거움을 찾아냈을 때, 그리고 이 즐거움을 신체적으로 표현하고자 할 때 웃는다.'

영업에서도 유머를 활용한다면 훌륭한 성과를 얻게 될 것이다.

다음은 해리 허시필드가 자신의 이야기를 들려줄 때 처음에 인용하는 이야기다. 물론 세일즈맨에 관한 이야기다.

한 세일즈맨이 면접에 지원해 이렇게 말했다.

"저는 세계 최고의 세일즈맨입니다."

"오, 그런가요."

그러자 예비 고용주가 이렇게 제안했다.

"당신이 세계 최고의 세일즈맨이라고 주장한다면, 그걸 증명할 기회를 드릴게요. 저 구석에 쌓여 있는 담배 상자들이 보이나요? 그것들을 가지고 나갔다가 팔아보세요."

그는 담배 상자를 들고 나갔다 몇 시간 후에 찌푸린 얼굴로 돌아왔다. 그리고는 신음하듯 말을 꺼냈다.

"제가 한 말을 정정하고 싶습니다. 저는 2등 세일즈맨일 뿐입니다. 당신에게 이 담배 상자를 팔아치운 사람이 최고입니다."

유머는 판매를 위한 강력한 주장이 될 수 있다. 미국의 위대한 작곡가이자 극작가인 오스카 해머스타인 2세보다 더 뛰어난 사람은 없을 것이다. 오늘날 오스카의 명성은 널리 알려져 있다. 그는 자신의 작품을 파는 데 결코 어려움을 느낀 적이 없다. 그런 그 역시 처음에는 다른 사람들과 마찬가지로 작곡한 노래를 팔기 위해 사람들 앞에서 노래를 부르며 고군분투했다.

오스카가 삼촌 밑에서 무대 감독으로 일하고 있던 어느 여름날이었다. 다가오는 시즌을 준비하던 배우들이 흥미를 끌기 어렵다며 리허설이 진행되고 있던 쇼를 중단해버린 것이다.

이때 약간 자신만의 시간을 가질 수 있었던 그는 젊은 지휘자 허버트 스토타드와 함께 시간을 보내며 대본을 썼다. 오스카와 허버트는 그 대본을 팔아야 했다. 그래서 삼촌에게 대본을 보여주면서 시험해 보려고 자리를 마련했다.

"내가 삼촌한테 대본을 읽어줬지. 허버트는 소파에 앉아 있었고 그는 유머라고 할 만한 부분이 나올 때마다 재밌다는 듯 큰 소리로 껄껄껄 웃어댔어. 조금 후에는 애써 웃을 필요도 없었지만 말이야. 왜냐하면 처음에는 순진한 시도라고 봤는지 시큰둥하던 삼촌이 박장대소와 함께 웃음보를 터뜨려버렸기 때문이지."

"그래서 어떻게 됐는데요? 대본을 팔 수 있었나요?"

"음, 엘머, 웃음은 전염성이 매우 강해요. 한 구절이 끝나기도 전에 삼촌은, 너무도 웃긴다며 이런 대본은 본 적도 없다고 생각한 것 같아. 허버트의 웃음이 전염성이 너무 강했던 나머지 허버트보다 삼촌을 더 웃게 만든 거야. 이렇게 해서 '영원한 당신'이라는 연극이 세상에 빛을 보게 되었지. 물론 우리가 대본을 팔았던 날만큼 크게 웃거나 심하게 웃어준 관객은 없었지만 말이야."

신출내기에 지나지 않던 시절부터 오스카 해머스타인은, 인간의 본능적 감성에 호소하는 쇼맨십의 진정한 의미를 알고 있었고, 작품을 선보일 때 쇼답지 못하면 성공을 기대할 수 없다는 걸 간파하고 있었다.

칼럼

어느 날 시카고 밀워키가에 있는 월크 코틀러 백화점에 일용품을 사러 들어간 적이 있다. 물건을 사고 나서 영수증을 손에 쥐고는, 무심코 금액이 정확히 기록되었는지 확인하려고 잠시 훑어보았다. 그리고 다음과 같은 문구를 보게 되었다.

'오류를 바로잡는 걸 주저할 때만 실수가 된다.'

– 엘머 G. 레터만.

◆ 고객이 자신이나 자신의 상품에 대해 어떤 느낌이나 표현으로 기억하면 좋을까요?

◆ 자신이나 브랜드에 대한 슬로건을 만든다면 어떻게 표현하면 좋을까요?

◆ 고객에게 자신의 이름이나 브랜드를 기억하게 할 아이디어 10가지가 있다면 어떤 것들일까요?

◆ 그것들 중 가장 극적이고 좋은 느낌을 줄 수 있는 방법은 무엇일까요?

◆ 당장 시작할 수 있는 작은 행동은 무엇일까요?

영업을 잘하는 사람은 좋은 친구를 사귀고,
관계가 오래가며, 시간과 열정을 아끼지 않고 친구를 돕는다.

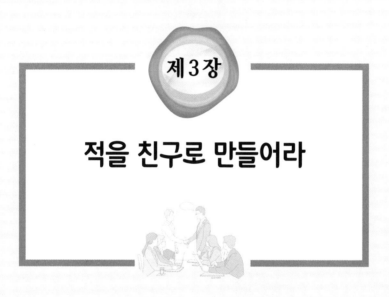

제3장

적을 친구로 만들어라

우리 5명은 가장 좋아하는 테이블에 둘러앉았다.

대화의 주제는 곧바로 우정으로 바뀌었다. 뉴욕 경찰서에서 근무하는 존 코플랜드 경관의 이야기를 듣고 있으려니 점점 얼굴이 달아올랐다.

그가 말한 이야기는 다음과 같다.

"내가 센트럴 파크의 기마경찰대장으로 근무하고 있을 때, 순찰대원 한 사람이 아내를 잃고 낙담해 있었습니다. 게다가 경제적인 어려움까지 겪고 있었죠. 결국 그는 어려움을 이기지 못하고 스스로 목숨을 끊었는데, 어린 딸은 갑자기 부모를 잃고 혼자 남겨졌습니다. 당연히 그는 보험에 들어 있지도 않았고요. 이 슬픈 이야기가 당시 운동을 위해 공원에서 승마하던 한 사람의 귀에 들어가게 되었습니다.

나는 그 사람에게 기꺼이 이 모든 사정을 이야기했고, 그는 가족처럼 어린 소녀를 물심양면으로 도왔습니다. 그는 숨진 경찰이 보험에 가입하지 않은 이유를 이해할 수 없었고, 대원 중에 보험이 없는 사람이 몇 명인지 알아보기 위해, 나에게 알아봐 달라고 요청했습니다.

조사 결과, 나를 포함해 14명 중 2명만 보험에 가입했다고 전해 주었습니다. 놀랍게도 그는 나와 전 대원에게 보험에 가입한 보험증권을 나눠주었죠.

그리고 나는 평생의 친구를 얻게 되었죠. 나는 경위로 승진하였고 그 사람은 나의 든든한 지지자이자 친구가 되었습니다."

이야기를 끝낸 코플랜드 경위가 내 쪽을 돌아보며 물었다.

"엘머! 아직도 그 우정 어린 행동을 기억하고 있겠지?"

물론 잊을 리가 없고 나는 실제로 그렇게 했다.

개인의 사생활과 사업을 떼어놓고 생각하기란 쉬운 일이 아니다. 이 둘은 날실과 씨실처럼 서로 긴밀하게 얽혀 있기 때문이다. 이것이 짜여, 한 장의 천이 되어 완전체로 탄생한다.

자동차 정비사도 밤이 되면 아내와 아이들이 있는 집으로 돌아가는 사람이다. 그가 동료와 주변 사람에게 친절하고 사려 깊다면, 가족과 이웃들에게도 똑같은 사람이 될 거라고 확신한다.

대체 이것이 판매와 무슨 상관이 있을까?

영업을 잘하는 사람은 좋은 친구를 사귀고, 관계가 오래가며, 시간과 열정을 아끼지 않고 친구를 돕는다. 그러면서도 어떤 이기적인 보상이나 이익을 바라지 않고 기꺼이 도움을 준다. 이런 사람은 온 세상이 친구이고, 다른 사람에게 친절을 베푸는 행동이 결코 손해나 낭비라고 생각하지 않는다.

데일 카네기는 '인간 관계론'(와일드북, 유광선 편역)이라는 저서를 남겼다. 이 책이 주는 교훈은 무엇일까? 사람들에게 영향을 끼치는 가장 좋은 방법은, 세일즈맨이 끊임없이 시도하는 것, 즉 친구를 얻는 일이다. 그리고 친구를 얻었다는 것의 가장 확실한 신호는 사람들에 대한 영향력이 확대되었다는 것을 의미한다.

사실 나 역시 친구를 만나고 사람을 돕는 일에 열정을 가지고 있다. 그래서인지 고객과 백만 달러의 계약을 했지만, 내가 그에게 호의를 베푼 것은 무엇인지 기억나지 않는다.

많은 사람이 나를 가리켜 베풀기 좋아하는 사람이라고 부르는 건 사실이다. 사람들은 나의 성공 비결이 사람들에게 끝없이 호의를 베풀려는 노력이 비밀이라고 말한다.

어떤 의미에서 그들의 평판은 옳다. 다만 사람들은 내가 오랫동안 알고 존경하는 누군가를 위해, 혹은 우연히 만난 사람을 위해 호의를 베풀 때, 어떤 호의나 대가를 바라지 않는다는 사실을 모른다.

호의를 베풀고 나서 계약을 요구하는 것만큼 혐오스러운 일은 없다. 호의를 베푸는 행동의 동기가 호의에 대한 보답으로 무언가를 얻기 위함이라면, 자신이 문제에 직면했을 때 어떻게 도움을 요청할 수 있겠는가?

벤저민 우드슨은 생명보험에 관한 그의 저서 '당신에게 더 큰 힘을More Power to You'이라는 책에서 '우리는 베푼 만큼 얻을 수 있다.'라고 주장한다. 또한 '만족과 성취란 베푼 것에 비례하여 크거나 작게 얻을 수 있으며, 이는 인생의 보편적인 원리'라고 말한다.

서로 돕는다는 철칙에 기초한 우정이 있다면, 우리 모두 충만하고 행복한 삶을 살게 될 것이며, 세일즈라는 직업에서 성공하는 것 역시 도우려는 마음으로 친구를 사귀는 일이다.

진정한 우정이란 친구를 위하는 간절한 마음에서 비롯된다. 친절을 베풀고 무언가를 구하거나 바라는 것은 진정한 우정에서 비롯된 것이 아니다.

우리가 지위가 높든 낮든, 유명인이든 아니든, 혹은 지인이 부유하거나 권력이 있든 없든, 마음으로 사람을 도울 기회는 얼마든지 있다.

다른 도시로 여행을 떠나는 친구를 위해 대신 호텔을 예약해 줄 수도 있고, 아니면 숙박할 손님을 찾고 있는 호텔 매니저를 대신해, 방문객에게 호텔에 숙박할 것을 권유할 수도 있을 것이다.

친절의 수혜자들은 여러 가지 방식으로 고마움을 표시한다. 그들 중에는 받은 친절에 대해 무언가로 보답하려 하는 사람도 있을 것이다. 또는 관련 상품이나 서비스가 필요할 때, 또는 구매하고 싶을 때, 친절하고 고마웠던 추억과 함께 가장 먼저 당신의 이름을 떠올릴 것이다.

나는 서로 돕는 것을 내 비즈니스의 철학으로 여긴다. 다른 사람을 돕고 한 푼의 이익을 얻지 못해도 나는 그것이 가치 있는 삶이라고 느끼며 만족해했다.

사람을 돕는 일은 나에게 극히 작은 일이어서, 특별히 도움을 주었다고 생각하지도 않았고, 당연히 해야 할 일을 했을 뿐이라고 생각해서인지 어느새 내 삶의 일부가 되어 있었다. 그 결과 원하지 않는 점심이나 저녁 식사를 하게 되어도, 그들로부터 다른 사람을 소개받지 않고 끝나는 날이 거의 없었다. 내가 원해서라기보다 그들 스스로 원해서 지인들을 소개해 주었고 그것은 서로에게 항상 이익이 되었다.

'진심 어린 호의는 베푼 사람이나 받은 사람 모두에게 영예로운 일이다.'

이는 영국의 작가인 리처드 스틸 경의 불후의 명언이다. 나는 여기에 이렇게 덧붙이고 싶다.

'진심 어린 호의는 받는 것만큼이나 준 사람을 기쁘게 한다.'

여러분도 다양한 고객과 친구들, 친척들, 지인들이 있으며, 서로 알고 지냄으로써 도움을 주고 싶을 것이다. 무언가를 당신에게 팔려고 하는 사람, 당신의 상품을 사고 싶어 하는 사람도 알고 있을 것이다. 당신이 꼭 그들의 도움을 받고 싶어서 도우려는 것은 아니다. 그런 이유로 당신의 노력이 더 가치 있고, 당신이 베푼 호의는 적절한 때에 기회가 되면 돌려받게 될 것이다.

나는 지난 5년 동안 공개하기 어려운 한 고객과 거래를 해왔다. 이미 나는 그 고객과 100만 달러 이상의 계약을 체결했고, 보험 계약과 관련해서는 내가 전부 해결해 주고 있다.

하루는 내 파트너인 노먼 고르츠와 셋이서 점심을 먹고 있었는데, 그 고객이 이렇게 말했다.

"난 다른 사람과는 어떤 보험 계약도 하지 않을 셈이네. 내가 가장 필요로 할 때, 항상 엘머가 보여준 친절에 감사드린다네."

"그게 뭔데요?"

노먼이 물었다.

"엘머에게 직접 물어보게."

그날 오후 노먼이 나에게 전화를 걸어 물었다.

"엘머, 그분에게 대체 어떤 호의를 베푼 거지?"

난 대답해 줄 게 없었다.

"호의라고? 글쎄, 그분을 위해 특별히 호의를 베푼 기억이 없어."

나는 항상 누군가를 돕는다는 생각으로 사람들을 대하지 않았다. 그저 가능한 한 성심성의껏 일을 처리했을 뿐이다. 하지만 고객의 말에서 진정한 의미의 은혜와 우정, 친절, 그리고 감사의 마음을 느낄 수 있었다. 언제 어디선가 내가 그 사람을 위해 뭔가를 했을지도 모른다. 어쩌면 내가 지인을 소개해 줬거나, 그가 취급하는 새로운 상품에 대해 참고가 될 만한 의견을 제시해 줬을지도 모른다. 하지만 솔직히 그게 무엇인지 내 머릿속에 남아 있지 않았다. 정신적으로든 기록으로든 아무것도 남아 있지 않았다.

나는 어떤 감사도 바라지 않는다. 만약 나에게 주어진 비즈니스에서, 어떤 대가를 기대한다면, 내 행동이 거짓이고 고객들도 그런 나에게서 불성실한 냄새를 느낄 것이다. 나는 그저 나의 행위 자체에 즐거움을 느껴 그렇게 행동했을 뿐이다. 그렇기에 나는 큰 비즈니스로 연결된 나의 작은 호의조차 기억할 수 없었다.

언젠가 한 보험 관련 잡지사에서 나만의 성공법에 대해 질문을 받은 적이 있다.

나는 항상 다른 사람에게 베풀려고 노력하는 마음이 중요하다고 생각했기에 "보잘것없는 행동이라도 배려하는 마음을 갖고 특별히 주의를 기울여야 합니다."라고 말해 주었다. 거기에 조금 덧붙여 나는 오늘도 똑같은 말을 반복하려고 한다.

"당신의 배려를 느끼지 않도록 사려 깊게 호의를 베푸세요." 그리고 "좋은 친구는 또 다른 친구를 가질 자격이 있다."라는 오랜 친구 프랭크 킹덤 박사의 말도 덧붙이고 싶다.

비즈니스에서 우정은 사람과 회사뿐 아니라 모든 것과 짝을 이룰 수 있다.

얼마 전에 '아메리칸 매거진'으로부터 '우정'에 관해 글을 써 달라는 요청을 받았다. 내가 이 주제에 대해 글을 쓸 수 있게 선택되었다는 사실은 나 자신을 무척이나 영예롭게 해주었다. 더구나 '그에게는 수많은 고객이 있지만, 그 이상으로 많은 친구를 갖고 있다.'라고 한 필자 소개란을 보았을 때 이보다 더 감격스러운 일이 있을까 싶었다. 편집자에게 감사를 전하기 위해 전화를 걸었다.

"맞아요. 친구와 고객 사이는 별반 차이가 없어요. 차이가 있다면 나 역시 그걸 배우고 싶군요."

"당신 친구들은 모두 당신과 계약을 하지 않았나요? 엘머."

편집자가 물었다.

"아직 전부는 아니에요."

"그럼 그들은 여전히 잠재고객으로 남아 있겠군요."

진정한 우정의 보답에 대해, 금융 회사의 월터 힐이 잊지 못할 자신의 경험담을 들려주었다.

"크리스마스 3일 전이었어."

월터 힐이 회상했다.

휴가로 고향인 조지아로 가기 위해 오클라호마 역에서 열차를 기다리고 있는데, 철도 회사의 한 직원이 호텔에서 보내온 전보를 그에게 전해 주었다.

전보에는 자세한 내용은 나중에 알려줄 테니 일단 즉시 하트

퍼드로 떠나라고 쓰여 있었다.

하트퍼드에 도착한 건 크리스마스이브였다. 하지만 나중에 알려준다던 내용은 도착하지 않았다.

어두워지기까지 시간이 있는 걸 확인한 그는 번화가를 구경하며 배회했다. 어디쯤인지 기억은 나지 않지만 잘 차려입은 한 청년이 번잡한 거리에서 쇼핑백을 떨어뜨렸고, 그는 무심코 줍는 걸 도왔다. 그리고 두 사람은 나란히 눈 속을 걸으며 가벼운 마음으로 이름을 교환했고, 월터 힐이 머무를 호텔에서 늦은 저녁을 함께했다.

밤도 꽤 깊어졌기에 택시를 불러 그의 쇼핑백을 차에 실어주고 하루를 마감했다.

다음 날, 청년이 힐을 초대해 자신의 집으로 데려갔다. 크리스마스였고 아이들이 뛰노는 집에서 보낸 크리스마스는 평생 잊지 못할 추억이 되었다.

호텔에 돌아와 보니 그 자세한 내용이라는 것이 도착해 있었다. 거기에는 심각한 불만 제기와 함께 계약을 철회하겠다는 강경한 내용이 들어 있었다.

상상하던 모든 일은 현실에서 일어난다는 말처럼, 어제 처음 만난 새로운 친구가 바로 그 사람이었던 것이다. 그가 느꼈을 놀라움은 상상하기도 어려울 정도다.

그는 다음 날 곧바로 청년을 찾아갔고 두 사람은 불만 사항에 대해 시종일관 우호적인 분위기에서 단숨에 해결해 버렸다.

사람들이 나에게 우정을 갈망한다고 말할 때 그들 역시 우정을 갈망한다.

친구를 사귈 여유조차 없다고 말하는 건 일상에 쫓기고 있다는 뜻이다. 하지만 너무도 빠르게 삶을 헤쳐 나가다 보면 막다른 곳에 도착할 수 있다. 이럴 때는 잠시 멈춰서 마음을 추스르는 심호흡을 해야 한다. 아마도 인간관계에서 얻을 수 있는 가장 달콤한 것을 놓쳤다는 사실을 발견하게 될 것이다.

친구를 위해 호의를 베푸는 건 즐거운 일이다. 진정한 우정으로 연결되어 있다면 도움을 받는 것만큼이나 베푸는 것도 즐거운 일이다.

나는 친구가 어려워하거나 곤혹스러운 일은 부탁하거나 알선하지 않는다. 왜냐하면 친구가 그 일을 함으로써 나 때문에 고통받는 걸 원하지 않기 때문이다. 그러나 작은 수고로 가능한 일을 부탁한다면 상대방도 자긍심을 갖는다.

당신이 친구에게 의지하고 있고, 당신에게 친구가 필요하다고 느낄 것이기 때문이다. 실제로 때에 따라서는 정말로 도움이 필요할 때도 있기 때문이다.

'인간은 사람을 사용하지만 사람에게 또 쓰이기도 한다.'

내가 특히 소중히 여기는 우정에 관한 오래된 속담이 있다.

'정직한 사람에게, 진정한 친구처럼 세상에 더 가치 있는 것은 없다.'

무형의 것, 보험과 같은 무형의 상품을 판매하고자 할 때 우정은 특히 중요하다. 그렇다면 어떻게 공공 구매와 같은 거대한 거래를 성사시키는데 이를 적용할 수 있을까? 이것은 전혀 어렵지 않다.

길거리 모퉁이에 있는 약국은 손님을 대하는 태도 하나만으로도 손님을 줄 서게 할 수도 있고 쫓아낼 수도 있다.

진정으로 유쾌한 태도로 손님을 대하는가?

대답은 누구나 알고 있겠지만 손님의 발길은 대하는 태도에 따라 정확히 평가를 할 것이다. 호의를 베풀 때 비용과 노력을 계산하는 사람은 나에게 필요하지 않다. 그 대신 우정을 실천하는 사람에게 기대를 건다.

내가 지금까지 맺어온 우정을 돌아보면 그들 하나하나가 소중한 추억이 되어 마음속에 떠오른다.

어린 시절 함께 공놀이했던 이제 이름을 잊어버린 소년들, 역사에 영원히 기록될 미국의 대통령이 된 남자들과의 우정은 똑같은 추억으로 내 가슴에 남아 있다.

나는 그들 모두를 사랑했고 내 삶에 이바지한 모든 것들에 감사한다. 그들을 떠올릴 때마다 랄프 왈도 에머슨의 말도 함께 떠오른다.

'천 명의 친구를 가져도 내버려 둘 친구는 없고, 한 명이라도 적을 가진 사람은 어디를 가도 그를 만날 것이다.'

◆ 지난 한 달간 몇 명의 새로운 사람을 사귀었나요?

◆ 앞으로 한 주간 몇 명에게 대가를 기대하지 않고 호의를 베풀면 좋을까요?

◆ 앞으로 한 달간 새로운 사람을 사귈 목표를 정한다면 어느 정도로 세우면 좋을까요?

◆ 오늘 잠자리에 들기 전까지 몇 명의 새로운 사람을 만나겠습니까?

◆ 오늘 잠자리에 들기 전까지 몇 명에게 연락하겠습니까?

오늘날의 작은 '씨앗'은 미래의 '거목'으로 자란다는 사실이다.

제4장

거목을 위해 작은 나무를 심어라

나는 판매라는 일을 시작한 후, 섬유와 식료품을 비롯하여 여러 가지 유무형의 상품을 취급해 왔다. 그리고 수많은 종류의 상품 판매를 위해 영업을 하면서 갖게 된 신조가 있다.

　오늘날의 작은 '씨앗'은 미래의 '거목'으로 자란다는 사실이다.

　세일즈맨이 최선을 다해 노력하고 경주하는 데 있어 고객의 경중 따위는 있을 수 없다. 왜 그럴까?

　세일즈맨은 작은 거래나 상대적으로 덜 중요하다고 생각되는 고객이라도 최대한 주의를 기울여야 한다. 처음에는 작고 초라한 계약을 하더라도 훗날 엄청난 계약을 안겨주는 고객이 될 수 있기 때문이다. 오늘 1달러의 상품을 구매한 작은 고객이 내일은 당신 회사와 상품을 반석 위에 올려놓는 가장 큰 공로자가 될 수 있다. 고객에게 구매력이 있는지 없는지를 계산하면서 전력을 다할까 말까를 결정하는 일은 하지 말아야 한다.

효과적이고 눈에 띄는 성과를 내기 위해서는 언제나 전력을 다해야 한다. 세일즈맨의 열의나 성실성, 인내심은 먹고 자는 습관만큼이나 자연스럽게 성격 일부가 되기 때문이다. 이처럼 진지한 열의와 성의 그리고 인내심을 소유한 세일즈맨이라면, 어떤 고객에게도 가장 설득력 있고 가장 이해할 수 있는 명쾌한 대답을 들려줄 것이다. 이런 정성이 더해졌을 때 고객은 구매로 보답할 것이다

'데이비드 에버렛'이라는 시인의 시에 이런 구절이 있다.

'큰 개울은 작은 샘에서 비롯되고 큰 떡갈나무는 작은 도토리에서 시작된다.'

이는 인생의 여러 단계에 적용할 수 있는 말이지만 영업에도 들어맞는 말이다. 오늘날 업계의 최상위에 위치하고 업계를 이끌어가는 유명 상품, 유명 회사들을 살펴보면, 이 회사들도 초기에는 시장에서 살아남기 위해 얼마나 치열하게 달려왔는지 알게 될 것이다.

또 다른 많은 회사는 생존을 위해 고군분투하다 경쟁에서 낙오되거나 인수 합병되거나, 완전히 실패해버린 예도 있다. 또는

오늘날까지 그저 그런 실적으로 명맥만 유지하는 상태로 남아 있는 회사들도 적지 않다. 여기서는, 왜 어떤 회사는 성공하고 어떤 회사는 정체되거나 사라졌는지를 자세히 설명하고 싶지는 않다.

다만 작은 거래를 하던 회사나, 규모는 작았지만 점점 사세가 확장되는 회사와 거래하고 싶어 하는 사람들이 줄을 선다는 사실을 알게 되었다.

이 점을 강조하고 싶을 뿐이다.

아직 규모가 작고 기반이 잡히지 않았을 때, 이들을 정중히 대하고 사려 깊게 돕는다면, 사업이 번창했을 때 절대 잊지 않을 것이다.

나는 이를 확신하고 있었다.

오늘의 작은 친구는 미래의 큰 고객이다.

나는 아직 기반을 닦지 못해 앞으로 보험료를 계속 낼 수 있을지 모를 회사들, 계약 금액이 적어 내가 받는 수수료로 비용을 충당할 수 있을지 걱정했던 수많은 고객을 열거할 수 있다.

오늘날 이 고객들은 지역사회와 업계의 내로라하는 선도기업으로 전국에 알려져 있다.

나는 지금까지 수많은 고객이 소규모 보험으로 시작해서 해를 거듭할수록 성장해 가는 모습을 보아왔다. 그리고 내가 고객들에게 얼마나 많은 정성을 기울였는지 그들도 알아주었다.

내가 본드 스토어와 첫 계약을 체결한 지도 어언 40여 년이 되어 간다. 내가 처음부터 본드 스토어에 얼마나 관심을 기울였는지 그들도 기억하고 있다. 당시 본드 스토어는 작은 회사로 기반이 잡히지 않아 무척 힘들어하고 있었다. 그 후로 10여 년이 지나 이 회사가 신사복 체인점으로 엄청난 성공을 거두리라곤 아무도 예상하지 못했다.

내가 특별한 지혜로 이 회사 성공을 예견했을까? 그건 아니다. 나 역시 이 회사의 앞날을 예견할 수 없었다. 그래서일까. 나는 국가적 대불황에 직면해 있던 시절에도 실망하지 않고 영업에 항상 최선을 다했다. 그 후 이 체인은 성장하고, 확장하고, 통폐합되어 불황의 가시밭길을 헤쳐나온 뒤 엄청난 번영을 이루어냈다. 그리고 불황을 함께 건너온 고객은 나를 자기 회사의 가장 중요한 사업 동반자로 생각해 주었다.

나 역시 그 회사에 충실했고 회사 역시 나에게 따뜻한 가슴으로 보답하고 싶어 했다.

그 뒤로 고객과 나는 함께 눈부신 성장을 거듭할 수 있었다. 당시 이 회사는 규모도 작고 유명하지도 않았기에, 내 동료들이 너무 많은 시간과 노력을 쓰지 말라고 말하던 충고를 생생히 기억한다. 세일즈맨에게 가장 큰 보물인 작은 거래를 말이다.

나에게는 오직 타산적이지 않은 관계, 고객을 등급으로 나눠 구분하지 않는 초심만 필요했다.

내 고객 중 일부는 여전히 규모가 작고 성장 중이다. 하지만 이들이 나를 위해 맺어준 소중한 계약을 감사히 여긴다. 업계의 모든 회사가 모두 성공할 수는 없기에, 몇몇 내 고객사들도 업계에서 자취를 감춰버린 예도 있다.

나는 그 회사들에게 어떻게든 도움을 주려고 했다. 하지만 실패를 성공으로 이끌기에 내 도움이 충분치 않았던 점을 유감으로 생각한다. 그 회사들과는 지속적인 거래가 이루어지지 않을 것이라는 점을 잘 알고 있었다. 또한 내 성과를 크게 높여줄 큰 계약을 기대하기도 어려웠다는 사실을 기억하지만 나는 전혀 낙담하지 않는다. 단 '어떤 고객도 지나치게 크거나 작지 않다.'라는 말만 되뇔 뿐이다.

그런 상황에서도 이상하리만치 내 실적은 좋아졌다. 만약 내가 알게 된 작은 고객들에게 관심을 보이지 않거나, 도움 주는 걸 거절하거나, 그들의 목소리를 귀 기울여 듣지 않았더라면, 불과 몇 년 사이에 백 배, 천 배로 성장한 작은 회사들은 결코 내 고객이 되지 않았을 것이다.

영업은 발이 넓은 사람이 유리하다는 속설이 있지만, 어디까지나 처음 영업을 시작했을 때의 이야기일 뿐이다. 시간이 흐르면서 그것만으로 충분하지 않다는 걸 알게 된다.

영업은 발품뿐만 아니라, 얼마나 마음의 품을 팔았느냐로 성패가 판가름 난다. 비즈니스는 단순한 판매를 넘어 인격 형성을 위한 훈련이자 삶의 틀을 키워나가는 여정이라 할 수 있다.

때로는 행운이 따라주었다. 이른바 이미 기회가 무르익은 상황에서 잠재고객을 만남으로써 손쉽게 계약을 하는 경우 말이다. 물론 이 경우라도, 어떻게 고객에게 다가가고, 어떤 식으로 대답하는지는 별개의 문제이다. 가장 중요한 건 사려 깊은 배려와 도움을 주고자 하는 마음이다.

내가 생각하는 것 이상으로 유명해지고 이름이 널리 알려진 슈랩이란 사람이 있었다. 모든 세일즈맨들이 앞다퉈 그의 집 문을 집요하게 두드렸지만 나만이 그와 큰 거래를 성사시킬 수 있었다.

하지만 어떤 고객도 지나치게 크거나 작지 않다는 나의 신념에는 변함이 없었다.

난 세일즈맨으로서 내 지역에서 성공적인 성과를 올리면서 좀 더 넓은 곳으로 나가보고 싶었다. 하지만 만만치 않은 새로운 도전에 직면해 실적이 보잘것없어지자 낙담하게 되었다. 그리고 그것만큼 두려운 일도 없었다.

그래서 프로 야구 선수들을 단체보험에 가입하도록 유도하면 좋겠다는 생각을 하기 시작했다. 그때까지만 하더라도 나는 스포츠계와 별 볼 일 없는 변변치 않은 인연만을 맺고 있었다. 하지만 구단 변호사나 회계사 또는 구단주와 한 번쯤 만날 수 있기를 간절히 희망하고 있었다. 그러던 중 궁하면 통한다는 말처럼 친구를 통해 그런 만남이 가능하다는 걸 알게 되었다.

이는 시작일 뿐이고 다른 유명한 구단과도 만남이 이루어질 것이란 믿음을 갖고 있었다.

놀랍게도 친구가 소개해 준 사람은 당시 야구계에서 모르는 사람이 없을 만큼 유명한 뉴욕 자이언츠의 매니저 존 맥그로였다.

당시 나는 젊었고 보험 상품 역시 새로웠다. 거물과 협상할 일을 생각하니 나도 모르게 위축되는 느낌이 들었다.

나는 '어떤 고객도 지나치게 크거나 작지 않다.'라고 다짐해 왔고, 야구계의 거물보다 훨씬 더 큰 고객들과도 거래를 해왔지만, 이 유명한 감독만큼은 나를 긴장하게 했다.

약속 시각이 다가왔고, 마침내 존 맥그로를 만났을 때, 나는 미리 준비해 왔던 말을 완전히 잊어버렸다.

그가 너무도 친절하고 편하게 대해 주었고, 내가 팔려고 하는 단체보험에 대해 깊은 관심을 보이는 질문들을 던졌기 때문이다. 더욱이 그는 선수들에게 누구보다 인간적이고 합리적인 판단을 내리는 사람으로 인정받고 있었다.

존 맥그로와 단체보험 계약을 체결한 것, 이는 프로 스포츠 계에 단체보험이 도입된 역사상 최초의 일이었다. 그러면서도 이 계약은 이름 없는 작은 회사나 개인들과 맺었던 계약과 별반 다를 게 없었다. 같은 원칙이 적용되었기 때문이다.

항상 최선을 다하는 것, 항상 성실하게 임하는 것, 상품에 자신감을 가지는 것, 구구절절 설득하려 하지 않은 것, 고객에게 압박감을 주지 않은 것 등과 같이, 언제 어디서나 누구에게나 적용하던 원칙에 따랐을 뿐이다. 그리고 그것은 효과가 있었다.

작은 회사와 거래를 시작해 회사가 성장함에 따라 거래 규모를 늘려가는 것은, 세일즈맨이 함께 성장해 가는 가장 좋은 방법이다. 규모가 크고 이름이 널리 알려진 회사와 거래를 위해 정면으로 도전하는 것은 여러 가지 측면에서 어려운 일이 될 수 있다.

알다인 제지 회사의 경영자인 해리 굴드는 이 점에 대해 다음과 같이 말한다.

"나는 젊었을 때, 대량의 용지를 구매할 것 같은 인쇄업자, 출판업자 등을 목표로 거의 매일 다리품을 팔고 다녔다. 그중에는 반드시 거래하고 싶었고 뉴욕에서 가장 많은 종이를 소비하는 인쇄소가 있었다. 어떻게든 이 회사와 거래해보려고 온갖 노력을 다했음에도 불구하고, 좀처럼 내 뜻대로 되지 않았다. 왜냐하면 이 회사는 오랫동안 거래하던 제지 회사가 있었고, 별문제 없이 만족스럽게 거래하고 있었기 때문이다.

3~4년 동안이나 계속 방문했지만, 그 회사의 빗장은 절대 열리지 않았다. 그럼에도 비용과 노력이 헛수고로 끝날지 모른다는 초조함을 안고 마지막 계획을 세워 실행해 보기로 했다.

이 회사의 경영자는 동종업계의 협회 활동을 열심히 하고 있었다. 그리고 조만간 시카고에서 열리게 될 총회에 참석하기로 되어 있다는 사실을 알고 되었다.

나는 비록 그 협회와 직접적인 관계는 없었지만 나 역시 그 회의에 참석하기로 했다. 그리하여 협회의 비서가 이 회사 경영자를 위해 열차를 예약한 사실을 확인하고, 어떻게든 이 인쇄소 대표와 같은 열차에 끼어 타서 접근할 방법을 모색하기로 했다.

결국 총회 기간, 우리 두 사람은 나흘 동안 내내 우정을 쌓았고, 더 잘 알게 되고, 회의가 마무리되고 돌아올 시점에는 서로를 신뢰할 수 있게 되었다.

뉴욕으로 돌아왔을 때, 나는 이전과는 전혀 다르게 이 경영자의 사무실을 방문할 수 있었다. 그리고 나에게는 매력적인 견적을 추출해 제출할 기회가 주어졌다. 그 후로도 지금까지 이 회사에 수백만 달러어치의 종이를 납품하면서 오랫동안 우정을 유지하고 있다."

사실, 세일즈맨들 스스로는 인정하려 들지 않겠지만, 큰 회사들과 씨름하는 걸 내심 두려워한다. 하지만 '지나치게 큰 거래처는 없다.'라는 것을 항상 기억해 둘 필요가 있다. 만약 어떤 문제를 해결해야 한다면 그 해결책을 찾는 것은 당신의 몫이다. 또 어떤 상품이 특정한 요구를 충족할 수 있다면, 그 상품을 손에 넣는 것 역시 당신의 몫이다. 만약 상황이 여의치 않아 고객이 만족을 못 한다면, 당신이 그 만족감을 줄 수 있어야 한다.

어떤 세일즈맨들은 작은 회사들은 피하고 규모가 큰 회사만 노리는 일도 있다. 그러나 다시 강조하지만, 여기서도 지나치게 작은 고객은 없다는 진실을 기억해야 한다. 자유로운 경제활동이 보장된 이 나라에서는 작은 회사라 해도 등한시해서는 안 된다. 이 위대한 땅에서 모든 사람은 평등하고 귀족도 평민도 없다.

그렇다면 방문 판매하는 세일즈맨은 어떻게 해야 존경받을 수 있을까? 지갑이 비어 있다고 해서 얕잡아 보거나, 지갑이 두툼하다고 해서 굽신거리는 것은 좋은 방법이 아니다.

집집마다 돌아다니는 세일즈맨은 가난한 사람이건 부유한 사람이건 할 것 없이, 그들의 문을 두드리고 집으로 들어가야만 한다.

전화로 판매하는 영업도 마찬가지다. 성의 있게 설명하고 면담 약속을 끌어내고, 직접 만나서는 할 수 있는 모든 노력을 다해야만 고객의 마음을 열 수 있다.

매장 직원이라면 손님이 밍크코트를 걸치고 있든 값싼 옷차림을 한 손님이든 친절에 차이를 두어서는 안 된다. 매장에 쇼핑하러 갔는데, 먼저 들어온 아이는 모른 척하면서 다른 아이를 먼저 봐주려고 접근하면 짜증이 날 것이다. 매장에 들어온 사람은 어느 누구든 동등한 대우를 받아야 한다.

이런 주장은 '보수는 신경 쓰지 말고 영업에만 최선을 다하라.'라는 말처럼 들릴지도 모른다. 어떤 의미에서 그 주장은 옳다.

내 말의 진정한 의미는 판매를 위한 노력은 항상 최고여야 한다는 뜻을 강조하기 위함이다. 영업하는 사람은 상품을 팔려고 열의에 불타야 하지만 귀에 박히도록 말해서 굴복시키라는 뜻이 아니다.

세일즈맨은 팔고 있는 상품이 무엇이든 간에, 상품에 대해 품고 있는 애정을 고객에게 전염시켜야만 조금이라도 빨리 잠재고객을 실제 고객으로 만들 수 있다.

열의는 무한해야 한다. 하지만 에너지를 소모품처럼 불필요한 곳에 허비하면 안 된다. 시간도 매우 중요하다. 이 열의와 에너지, 시간을 거래 규모와 중요성에 비례하게 적절히 배분할 때 실패를 줄이고 성과를 극대화할 수 있다.

그럼에도 불구하고 자금이 풍부한 고객에게 더 많은 노력을 기울일 가치가 있다는 의미는 아니다. 작은 고객에게 더 쉽게 다가갈 수 있고 경쟁은 덜 치열할 것이다. 무엇보다 그 고객이 미래에 큰 고객이 될 수 있다는 점을 결코 잊어서는 안 된다. 이것들을 충분히 염두에 두고 있다면, 모든 판매 노력은 잠재 수익에 정비례한다고 말할 수 있다. 그리고 이 잠재 수익은 고객의 유형 자산만을 갖고 판단하기 어렵고, 과학적 정확성을 갖고 예측할 수도 없다. 세일즈맨의 노력은 판매의 기회를 늘리는 것에 초점을 맞춰야 한다.

이 규칙 역시 구매 가능성이 낮다고 판단해서 열의를 다하지 않아도 된다는 뜻이 아니다. 열의는 결코 무게나 길이로 측정할 수 있는 것이 아니다. 열의는 상품에 대한 자신감과 마찬가지로 아무리 넘쳐나도 지나치지 않다.

나는 이번 장을 큰 고객과 작은 고객들에 관한 질문을 적절히 설명해 주는 일화를 소개함으로써 마무리하고 싶다. 동시에 간접 판매의 가치에 대한 또 다른 중요한 문제를 제기하려고 한다.

어느 날 동료 한 명과 점심을 먹고 있는데, 존스 상사의 경영자인 조 존스라는 사람이 들어왔다. 우리는 딱 한 번이지만 전에 만난 적이 있었고, 내 동료와는 매우 친한 사이였다.

우리는 즉시 그를 우리 테이블로 초대해 함께 식사했다. 우리 세 사람은 날씨부터 시작해 정치, 여자, 그리고 사업 이야기를 나누었다.

비록 나에게 사업은 보험을 의미하기는 하지만, 내가 먼저 보험 이야기를 꺼내지는 않았다. 실제로 존스가 나에게 보험에 관한 질문을 던질 때까지 다른 화제를 중심으로 이야기를 나누었다.

내가 따뜻한 파이와 커피를 머금고 있을 때, 마침내 그가 질문을 던졌지만, 나는 마치 사양이라도 하듯 마지못해 대답하는 것처럼 이야기를 시작했다.

이건 절대 '연극'이 아니다. 나만의 판매 기술이다. 끈질긴 설명에 귀 기울이라고 강요하지 않고 설명을 원하게 만드는 것이다.

질문은 다음 질문으로 물 흐르듯 자연스럽게 이어져 갔다. 그는 내 이야기에 푹 빠져 단체보험에 관한 가치 있는 정보와 역사, 기업과 노조가 갖고 있는 관심의 정도, 절세 문제, 나이 든 사원을 많이 고용한 회사의 보험요율 등 내용들에 대해 질문을 던졌다.

나는 단체보험이라는 주제로 대화를 나눴을 뿐이지 결코 판매를 위해 노력하지 않았다. 나는 그 회사 직원들이 보험에 가입해 있는지, 단체보험의 권유를 받은 적이 있는지 없는지에 관해서는 일절 질문하지 않았다. 하지만 그는 내가 보험 가입을 권유해 주길 바라고 있었다. 그것도 적극적인 권유를 기대하고 있음을 분명히 느낄 수 있었다.

나 역시 표면적으로 드러내지 않았지만 이런 설명을 할 수 있다는 것 자체가 영업의 기회였다. 고객이 그런 사실을 눈치채지 못하고 있을 뿐이었다.

마침내, 커피를 한 잔 더 마신 후 그의 인내심이 한계에 다다랐는지 약간의 분노로 바뀌었다. 그는 사실상 보험을 '판매'하라고 요구했다. 그 역시 다른 고객들과 마찬가지로 잠재고객으로 여겨지기를 희망하고 있었다.

"우리 회사가 단체보험 가입 대상으로 관심을 끌 거라고 생각하지는 않습니다."

그가 이렇게 말했다.

"그렇지 않습니다. 어떤 회사도 규모가 작다고 단체보험 가입이 불가능한 경우는 없습니다."

"그렇다면, 당신이 이 일을 손수 취급해 주었으면 합니다. 나는 단체보험에 관한 당신의 능력을 알고 있습니다. 하지만 직접 다루기에 우리 회사의 규모가 너무 작지 않은지 궁금했던 겁니다."

"아니오. 절대 그렇지 않습니다."

이전에 30~40명 규모의 회사와 계약을 맺은 적이 있는데 그
것만으로도 충분히 만족할 수 있었다. 작은 규모라고 해도 결코
실망하지 않는다.

"전혀 그런 걱정은 하실 필요가 없습니다."

나는 다시 한번 힘주어 말했다.

"좋아요. 그럼 저희 회사를 방문해 주시길 바라며 충분한 상
담을 부탁드립니다."

우리는 서로 명함을 교환하고 다시 만날 것을 약속했다.

점심이 끝나고 헤어질 무렵 마주 보며 내가 물었다.

"존스 씨, 어떤 회사든 저에게 작은 회사란 없습니다. 참고로
여쭙는 거지만 직원들은 몇 명이나 되는지요?"

"아, 그래요. 우리 회사는 포드나 제너럴 모터스가 아니라
서…… . 종업원이 겨우 600명가량 됩니다."

600명의 종업원을 '겨우'라니…… 더구나 지금의 회사가 그
에게는 작은 떡갈나무에 지나지 않을지도 모른다. 경영자의 태
도에서 이 나무가 얼마나 큰 거목으로 자랄지 궁금하지 않을 수
없었다.

◆ 작아 보이는 고객을 대할 때도 정성을 다하기 위해 어떤 문구를 되새기면 도움이 될까요?

◆ 자신의 상품 및 서비스에 대한 애정은 현재 100점 만점 기준으로 몇 점 정도라고 느껴지나요?

◆ 만약 100점이라면 어떤 느낌이고, 어떤 모습, 태도, 행동을 보일까요?

◆ 자신의 애정과 열정을 끌어올리기 위한 방안 5가지가 있다면 어떤 것들이 있을까요?

◆ 당장 무엇부터 하면 좋을까요?

진정한 의미의 영업은 구매자가 원하는 상품을 파는 것이지,
세일즈맨이 팔고 싶은 물건을 팔아 넘기는 게 아니다.

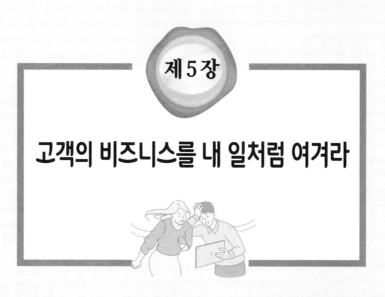

제 5 장

고객의 비즈니스를 내 일처럼 여겨라

이상적인 거래 상담을 하고자 할 때 지켜야 할 영업의 규칙들이 있다. 융통성 없이 상황에 잘 대처하지 못하거나 자기주장만을 내세우는 일이다.

원래 원칙이란 수정되기 쉽고 위반하기 쉬운 것이지만, 영업에서는 유연성을 갖는 것이 매우 중요하다.

세일즈맨이라는 소명을 자랑스럽게 여기는 사람은 평소에 꾸준히 준비하고 어떤 고객이든 충분히 설명할 준비가 되어 있다.

상담 계획을 세울 때 이쪽의 의도를 알아챈 건 아닌지 우려할 필요도 없다. 평온한 바다 위에서는 항로의 정확성에 대해 고민할 필요가 없듯이, 판매 상담 역시 시나리오처럼 미리 준비해 둘 필요는 없다. 만남의 방식이나 설명하는 방법, 본론에 관해서는 상황과 상대방에 따라 적절히 바꿔 나가야 하기 때문이다.

준비란 무엇일까?

준비는 일반적이면서도 구체적이어야 한다.

세일즈맨은 항상 자신이 취급하는 상품이나 서비스에 대해 자세하게 전반적인 지식을 갖추고 있어야 한다. 그래야만 돌발적인 질문이나 조건, 장애물과 관계없이 모든 판매에 적응할 수 있다. 이런 현명한 준비는 고객이 미래에 물어볼 것으로 예상하는 질문들에 대해 충분히 알고 있음을 의미한다. 이것이 일반적인 준비이다.

그렇다면 구체적인 준비란 어떤 것인가?

전화를 건 사람은 고객의 문제를 해결하기 위해 더 많은 정보를 얻어내야 한다. 고객의 인적사항뿐 아니라 고민거리가 무엇인지도 파악해야 한다. '고객의 문제를 해결하기 위해 내가 무엇을 할 수 있을까?'라는 자세가 필요하다. 그런 후 '내 해결책이 경쟁자들 것과 비교했을 때 무엇이 더 뛰어날까?'라고 자문하는 것이다.

고객의 고민거리를 알게 되면 비로소 문제를 해결하기 위한 최선의 방법과 수단을 찾아낼 수 있다. 이때 문제는 어떻게 하면 고객이 내 상품을 사용하느냐는 것이 아니다.

진정한 영업의 기술은 팔고 싶은 것을 파는 것이 아니다. 고객의 고민이 무엇인지, 그리고 그 고민을 해결할 수 있도록 내가 어떤 도움을 줄 수 있느냐이다.

이 점에 대해 모리스 플랜 은행의 창립자인 아서 모리스는 이렇게 말한다.

"진정한 의미의 영업은 구매자가 원하는 상품을 파는 것이지, 세일즈맨이 팔고 싶은 물건을 팔아 넘기는 게 아니다. 구매자가 세일즈맨의 해결책이 납득할 만하다고 생각할 때, 세일즈맨은 비로소 팔고자 하는 것을 팔 수 있다. 이 경우 거절이라는 단어는 아예 사라져버린다."

다른 나라도 마찬가지지만 미국에서도 한때 상품이 날개 돋친 듯이 팔려나가던 시절이 있었다. 그 시절에는 뜨거운 적도의 나라에 모피 코트가 필요하지 않은 것처럼, 세일즈맨도 필요하지 않을 거라고 생각한 사람들도 있었다.

세일즈맨에 대한 이 운명의 예언자들의 눈이 얼마나 근시안적이던가.

상품 자체는 인격을 가질 수 없기에 사람 간의 접촉을 대체할 수 없다. 그렇기 때문에 세일즈맨과 상품, 그리고 잠재고객 간의 친밀한 관계는 전적으로 필요한 데도 말이다. 결국 세일즈맨이 거래에 인격을 불어넣음으로써 상품은 비로소 가치를 지니게 된다.

영업은 생명이 없는 물건에 생명을 주입하고, 생명력을 가진 상품은 고객의 손에서 다시 살아나는 것이다.

영업과 거래의 차이는 무엇일까?

고객과 연락을 통해 면담 약속이 잡혔다고 하자. 면담에 대한 유리한 분위기가 형성되었고, 적절한 준비도 이루어졌다고 하자.

시간과 노력을 쏟아부었는데도 가시적인 성과가 좀처럼 나지 않는다. 이때 세일즈맨은 다음 시도를 하기도 전에 아무것도 장담할 수 없고 어차피 불발로 끝날 것이라고 단정하게 된다. 단정과 함께 실망은 커지고 마음의 문도 닫혀버린다. 이렇게 영업 활동이 불가능하게 느껴질 때, 마음속 깊은 곳에 확고하게 새겨진 신념이 있다면, 고객을 도울 수 있다는 희망이 솟아날 것이다. 그때 세일즈맨은 무언가를 팔기 위해 움직일 것이고, 판매의 성공에 따라 월급이나 수당 등 생계의 길이 열릴 것이다. 세일즈맨에게 이타적인 사람, 또는 박애주의자가 되라고 주장하는 것이 아니다.

필립 모리스의 회장 알프레드 라이언이 말한 것처럼 '세일즈맨은 고객이 요구하는 것을 통해 다가가야 한다.'

모리스 회장은 다음과 같이 말한다.

"세일즈맨은 고객의 문제에 대해 충분히 관심을 기울인 다음, 팔려고 하는 상품이 고객에게 어떤 혜택이 돌아가는지 확인해야 한다. 또 세일즈맨은 상품에 대한 이야기보다 자신이 제공할 수 있는 유익함을 이야기해야 한다. 이렇게 설명한 후 상품의 장점을 강조했을 때 고객을 납득시킬 수 있을 것이다."

간단한 예로, 새로운 브랜드인 던힐을 판매하기 위해 대형 체인점 대표를 만난 적이 있다. 처음에 던힐에 대해서는 한 마디도 입에 담지 않았다. 먼저 그에게 손님을 더 모을 수 있는 방법에 관심이 있느냐고 물었다. 당연히 그는 관심이 있다고 했고, 나는 비로소 내가 갖고 있던 계획을 구체적으로 설명하기 시작했다.

그러자 그는 내 이야기에 깊은 감명을 받고 곧 실행에 옮겨 보고 싶다고 말했다. 그리고는 체인점 대표가 물었다. 그가 나에게 '뭔가 도울 일이 있으면 말해 주시오.'라고 말했고, 그 순간 내 판매는 이루어졌다.

그래서 나는 이렇게 강조한다.

"다른 사람의 문제를 연구하라. 그리고 그 사람의 문제 해결을 도와라. 그러면 당신이 팔고자 하는 모든 것을 팔 수 있도록 도와줄 것이다."

판매가 독점적으로 이루어지는 이유는 구매자가 무언가를

긴급히 필요로 한다는 이야기다. 따라서 쌍방이 거래를 통해 얻을 수 있는 것에는 초점을 맞출 필요가 없다. 한 달 또는 1년에 걸쳐 판매가 상승하도록 하는 것이 좋다. 물론 이는 상대방에게 있어서는 부차적인 일이다. 이런 방식의 판매는 계획적으로 진행할 수 있지만, 표면적으로 계획적인 판매와 반대로 보이는 경우도 있다.

길모퉁이에서, 파티에서, 지하철에서, 그리고 우연히 잠재고객을 만나더라도 세일즈맨은 고객의 마음을 사로잡아야 한다. 세일즈맨에게 기회가 주어졌다면 영업은 성공시켜야 하지 않겠는가.

잠재고객은 언제 어디서 나타날지 모르는 일이다. 세일즈맨이 그 기회를 놓친다면 스스로 프로라 말하기 어려울 것이다

부슬부슬 비가 내리는 어느 날 밤이었다. 비에 흠뻑 젖어 기분이 좋지 않은 나는 한시라도 빨리 집에 돌아가고 싶어 서둘러 택시를 잡으려고 했다. 한참을 기다리는데 마침 손님을 찾고 있는 듯 차 위로 불이 켜져 있는 택시를 발견했다.

얼른 다가가 문을 열려고 하는데, 어떤 여성이 택시를 향해 달려오는 모습이 눈에 들어왔다. 나도 모르게 멈칫하면서 택시를 양보하려고 물러서면서 살펴보니, 내가 잘 알고 있는 장크스 폴켄버그 부인이었다.

부인도 나와 같은 방향으로 가려는 것을 알고 우리는 곧바로 함께 택시를 탔다. 그녀의 남편은 공업원료 제조회사의 경영자로 비행기를 이용해 현장 시찰을 자주 다니는 사람이었다. 때마침 이 무렵 비행기 추락사고로 인해 많은 사람이 목숨을 잃었다는 뉴스가 보도된 시점이었다.

부인은 언제나처럼 밝고 화사한 얼굴로 남편에 관한 이야기를 꺼냈다. 그리고는 계속 말을 이어갔다.

"엘머! 혹시라도 남편에게 무슨 일이라도 생길까 봐 걱정이에요. 나에게 그 사람보다 더 소중한 사람은 없으니까요."

이것이 계기가 되었다. 이 이야기가 그저 나에게 필요한 전부였다.

"장크스 부인, 물론 두 분 모두 보험에 들으셨겠죠?"

내가 물었고, 장크스 부인이 가입한 보험에 대해 이야기하는 동안, 택시는 두어 번 빨간 신호 때문에 정지했다. 다행히 약간의 교통체증 때문에 우리는 20분 정도를 차에 함께 타고 있을 수 있었다.

그리고 우리가 서로 인사를 나누고 헤어질 무렵에는, 부인과 나 두 사람은 명백히 추가 계약의 필요성을 느끼고 있었다.

한동안 시간이 흐른 뒤, 그 부인의 남편은 몇몇 지인들에게 자신의 아내가 꺼낸 보험 이야기를 했다고 한다.

"나는 보험 설계사들이 끈질기고, 죽을 때 부양가족이 받게 될 보험금 이야기밖에 안 할 줄 알았는데, 엘머는 다르더군. 아내가 엘머와 함께 택시를 탔을 때 권유를 받아 추가로 보험을 들게 되었거든."

모든 상담이 이렇게 우연의 성격을 가질 수는 없으며, 내가 하는 상담은 대부분 경영자의 집무실에서 이루어진다. 이럴 경우 반드시 구체적인 자료를 정리해서 방문하며, 또 고객이 가진 것보다 더 정확하고 많은 자료를 준비해서 가기도 한다.

경영자의 집무실에서 이루어지는 상담이라고는 하지만 매번 상황이 다르다. 어떤 경영자는 방해를 받지 않으려고 아예 전화를 꺼놓거나 30분 동안 옆에 앉아 시간을 내준다. 또 어떤 경영자는 상담 중에 비서를 불러 지시를 하거나, 전화가 걸려오면 응대하거나 심지어 전화를 걸기도 하면서 집중하기 어렵게 하는 경영자도 있다.

회사 관계자를 배석시켜 진지하게 검토를 지시하거나, 혼자서는 아무것도 결정할 수 없지만, 사람이 많으면 좋은 아이디어가 나올 수 있다며, 사람들을 불러놓고 그럴싸하게 회의를 하는 경영자도 있다.

사정이야 어떻든 소득 없이 불필요한 대화로 시간을 허비했다고 화를 내거나 울화통을 터트려서는 안 된다.

세일즈맨이라는 단어가 의미하는 것처럼, 이런 일들이 하나

하나 쌓이고 쌓여야만 정상에 오를 수 있다. 그러다 보면 일이 끝난 늦은 시간에도, 당신의 상품이나 서비스에 대한 설명에 귀를 기울이며 듣고 싶어 하는 사람이 생겨날 것이다.

성공적인 상담의 열쇠는 단지 고객의 문제에만 초점을 맞추고 이야기하는 걸 의미하지 않는다. 때로는 고객이 세일즈맨에게 주의를 기울이도록 하는 것도 좋은 방법이다. 물론 세일즈맨이 취급하는 상품이 어떻게 잠재고객을 도울 수 있는지에 대한 이야기는 즉각적인 문제 해결을 의미한다. 하지만 고객 가족의 안부나 비즈니스의 성공, 학교에 다니는 아이들의 근황, 스포츠 이야기 등 고객이 관심을 가질 법한 이야기들을 화제에 올리는 것도 좋은 방법이다. 또는 방에 걸린 사진이나 슬로건, 그림에 대한 진실한 찬사 등도 대부분의 남자들이 좋아하는 이야기의 유형이다.

천부적으로 타고난 세일즈맨은 항상 이런 점에 섬세한 주의를 기울인다.

뛰어난 세일즈맨들을 조사한 통계를 보면, 상담 시간의 대부분을 상품과 관련 없는 이야기를 한다고 한다. 상품에 대해서는 극히 일부의 시간만 사용하고, 나머지 대부분을 인간적인 이야기로 화제를 이어간다고 한다.

나 역시 내가 팔고 있는 상품이나 서비스로 이야기를 시작하지 않는다. 잠재고객의 비즈니스에 대해 이야기하고, 그 비즈니스가 마치 내 것이라도 되는 것처럼 진지하게 들어준다. 그리고 그 비즈니스와 관련해 내가 알고 있는 모든 정보와 지식을 전해 주거나 연결해 준다. 내가 팔려는 상품보다는 고객의 비즈니스에 대해 먼저 이야기를 나누는 것이다. 내가 무관심해도 될 만한 고객의 비즈니스 이야기는 없다. 그러다 보면 어느 시점이 되면 자연스레 내 상품에 관한 이야기로 화제가 옮겨간다.

차일즈사의 레스토랑 체인의 이사인 해리 톰슨과 점심식사를 하고 있을 때였다. 그는 자신의 회사가 심각한 문제를 겪고 있다고 했다. 그는 수천 명의 직원들을 이끌어줄 최고 경영자에 걸맞은 적임자를 찾지 못하고 있었다. 그러다 갑자기 최근에 퇴직한 간부의 이름이 섬광처럼 뇌리를 스친 것이다. 그리고 급히 전화를 걸어 3주 안에 이 퇴직한 간부를 최고 경영자로 임명할 수 있었다.

누군가 이 대화를 듣고 있었다면 아무도 내가 보험업에 종사하고 있다는 걸 짐작하지 못했을 것이다. 아마도 나는 직업소개 대행자인 것처럼 보였을지도 모른다. 기업 임원에게 있어 나의 본업은 부차적 것일 뿐이었다. 그리고 이 모든 일이 해결되고 나면 나에게 주어지는 것은 감사와 또 감사일 것이다.

세일즈맨이 사업가에게 무엇을 더 요구할 수 있겠는가? 이보다 더 큰 무형의 자산을 얻을 수 있을까? 이게 판매를 위한 상담과 무슨 관계가 있느냐고?

판매를 위해 마련된 상담이라 해도 반드시 상품에 관한 이야기만 화제로 삼을 필요는 없다는 것을 기억해야 한다.

우리는 누구에게나 장점과 단점이 있다. 하지만 약점을 극복하고 상담을 쉽게 풀어나갈 수 있는 효과적인 방법이 있다.

두 사람이 한 팀을 이루어 고객 상담에 나서는 것이다. 두 사람이 서로 부족한 점을 보완하면서 각각의 장점을 살리는 것이다. 이렇게 하면 훨씬 더 좋은 결과를 얻어낼 수 있다. 나는 누구보다 이 방법을 권장하는 편이다. 왜냐하면 내 개인적인 경험상 아주 효과적이었기 때문이다.

우리 회사에서, 나는 노먼 고르츠와 힘께 팀을 이루어 일했다. 숫자에 능한 노먼은 남들이라면 몇 시간은 걸려야 답이 나오는 질문에 대해 답변하는 데 있어 매우 뛰어났다. 그래서 그런 질문이 나오면 그가 답변할 수 있도록 했다. 노먼은 보통 사람들이 가방에 담고 다닐 수 있는 양보다 더 많은 통계를 머릿속에 담고 있었다. 그래서 상담을 할 때면 수치로 설명이 필요한 질문에 그가 재능을 발휘할 수 있도록 충분히 시간을 주었다.

내가 노먼 고르츠와 파트너로 뭉친 것은 30여 년 전부터였다. 당시에도 그의 그런 능력은 정평이 나 있을 만큼 업계에 널리 알려져 있었다. 그 당시 보험 영업은 매우 복잡한 방정식을 토대로 하고 있어서 특히 어려움이 많았고, 이런 문제를 해결하는 데 있어 노먼에게 필적할 만한 사람이 없었다.

그는 수리 분야에서 인정받는 뛰어난 전문가였기에 정부 차원에서도 종종 그에게 자문을 구할 정도였다. 우리가 당면한 문제에 있어 그를 능가할 만한 사람은 없었다. 그래서 내가 감히 우리의 파트너십을 팀이라고 말하고, 이 팀워크에 의해 상담이 진행되는 이유가 거기에 있었다.

나는 팀워크를 통한 판매로 성공하는 방법을 찾고 싶었다. 예를 들어 고객과의 상담 약속을 잡는 데 천부적인 재능을 가진 사람이 있을 것이다. 그와 달리 놀라운 사전 준비와 예상외로 일어나는 돌발 상황에 잘 대처하는 사람이 있을 수 있다. 이 두 사람이 뭉치면 훌륭한 파트너가 될 수 있다.

상담을 계획하는 것이 모든 답을 미리 알고 있다는 것을 의미하지 않기에, 적절히 대답하기 위해서는 그 부분을 잘 파악해 두어야 한다. 이 점에 관해서는 국립 인간관계연구소의 제임스 벤더 박사가 들려준 이야기가 참고가 될 것 같다.

나는 '세일즈 매니지먼트지'에 경영자들에게 인간관계 교육의 필요성이 높아지고 있다고 기고한 적이 있다. 기사가 나간 지 얼마 되지 않아 유명 제과점 체인의 노무 책임자로부터 꼭 한 번 방문해 달라는 연락을 받았다. 그를 방문해서 20분 정도 이야기를 나누었는데, 윌슨이라는 여성이 나를 만나고 싶어 한다는 것이었다. 그녀는 대표의 비서였다. 약 30분 정도 이것저것을 묻고 나서 나를 집무실로 데려갔다. 외견상 대표는 터프해 보였지만 이야기를 나누어보니 매우 정감 있고 친절하고 관대한 심성을 가진 사람이었다.

내가 이야기를 마치자 갑자기 그가 "그럼 우리 회사는 어떻게 해야 할까요?"라고 물었다.

나는 즉시 "저도 잘은 모르겠습니다만…… 이 회사의 경영진이 어떤 문제를 갖고 있는지 잘 몰라서…….''라고 말끝을 흐리다가 말을 이어가려는 순간 그가 끼어들었다.

"알겠습니다. 당신에게 부탁드리죠. 여기를 찾아온 전문가라는 작자들에게 질려버렸소. 이 대목에서 해결책이라며 마음대로 늘어놓곤 해서 신물이 나곤 했죠. 잘 모르겠다고 인정한 사람은 당신이 처음입니다."

그 결과 벤더 박사는 3년 동안 이 회사의 교육 프로그램을 진행했다. 매우 훌륭한 결과였다.

기업과 산업계의 많은 위대한 경영자들이 잘 모른다고 인정할 줄 아는 사람들을 찾고 있다는 흥미로운 사실을 알게 된 것이다.

경영자들은 정직한 열린 마음의 소유자를 찾고 있었다.

"그때부터 나는 '잘은 모르겠습니다.'라는 화법을 자주 활용했는데, 특히 큰 회사일수록 효과가 있었다."라고 벤더 박사가 회고했다.

판매 상담의 지침

1. 고객이 마음을 열기 전에 팔려고 하지 마라.
2. 취급하는 상품에 대해 정직하고 충실해라.
3. 건넬 수 없는 것을 약속하지 마라. 고객의 불만을 사느니 판매에 실패하는 것이 낫다.
4. 경쟁을 이해하고 그것의 진정한 가치를 인정한다. 경쟁 때문에 판매가 이루어지지 않았다고 가정할 수 있지만, 경쟁이 판매를 막았다고 생각하는 것은 잘못이다.
5. 판매의 모든 것은 고객 문제를 해결하는 데 어떻게 도움이 될 것인지의 관점에서 접근하라.
6. 경우에 따라 질문에 명쾌하게 대답할 수 없을 때가 있다는 점을 인정하라.
7. 고객의 거절에 낙담하지 마라. 거절당한 순간 영업은 시작된다!

◆ 잠재고객과의 거리를 좁히고 친밀감을 높이기 위한 자신의 방법은 무엇입니까?

◆ 잠재고객의 비즈니스 상황을 파악하기 위해 어떤 질문을 하면 좋을까요?

◆ 잠재고객의 고민거리를 파악하기 위해 어떤 질문을 하면 좋을까요?

◆ 목표 고객의 주요 고민거리 5가지가 있다면 어떤 것들이 있을까요?

◆ 그 고민거리별로 자신이 도울 수 있는 부분이 있다면 어떤 것이 있을까요?

제6장

끊기지 않고 연결되게 하라

'실패에는 수많은 이유가 있지만 핑계가 될 만한 적절한 이유는 없다.'

이는 내 슬로건 중의 하나다. 이 말을 인용하는 이유는, 실패에 대해 변명하는 이유가 자신의 상품에 대한 무지해서 비롯되기 때문이다.

나의 세일즈 커리어 전반에 걸쳐, 그리고 이 책의 모든 페이지마다, 세일즈맨은 자신이 취급하는 상품에 대해 믿음을 가져야 한다고 강조해 왔다. 그리고 그런 믿음을 갖기 위해서는 그 상품에 대해 세세하게 잘 알고 있어야 한다.

고객의 질문에 잘 대답하기 위해서만 그런 것은 아니다. 상품에 대해 정통하면 자신감이 생기고, 돌발 상황이 발생해도 당황하지 않고 요점을 찾아 순조롭게 설명을 이어나갈 수 있게 된다.

상품 중에는 기능과 효과가 복잡해서 이해하기 어려운 상품이 있는 것도 사실이다. 물론 복잡한 설명이 필요 없는 상품들도 있다.

나는 판매가 부진하다며 과장하거나 속임수를 쓰는 사람들을 보면 화가 나서 참을 수가 없다. 내가 '속임수를 쓰지 마라. 속임수는 서로의 시간을 낭비할 뿐이다. 결국은 드러나 실패하기 마련이다.'라는 슬로건을 최고 중의 하나로 채택하고 있는 이유이다.

유명 프로듀서 제시 래스키를 세일즈맨으로 보는 사람은 거의 없다. 하지만 사실 그는 세일즈맨이다. 그런 그가 나에게 아주 인상적인 경험담 하나를 들려주었다.

그는 최근 위대한 성악가인 카루소의 미망인 도로시 카루소가 쓴 '엔리코 카루소 이야기'라는 책의 영화 판권을 사들였다. 그리고 주요 영화 제작사들을 찾아다니며 영화 제작을 권유하고 호소했지만 모두 거절당하고 말았다. 그중 로즈사의 경영자인 니콜라스 센크는 누구보다 적극적으로 그를 만류하고 나섰는데, 오페라 가수의 일생을 영화로 만든다 해도 요즘 대중들에게 먹힐 것 같지가 않다는 이유에서였다. 이에 대해 제시는 이렇게 말했다.

"나는 처음부터 센크의 판단이 틀렸다는 것을 알고 있었다. 책을 처음 읽었을 때 미국인들의 마음을 사로잡을 거라고 생각했기 때문이다. 나는 대본의 세부사항을 철저히 연구해 내 마음 속에 출연 배우들까지 구상해 두었고, 상영 광고에 이르기까지 전체적인 틀까지 짜두었다. 미망인을 제외하고 엔리코 카루소의 생애를 나보다 더 잘 알고 있는 사람은 없다고 확신했다. 결국 MGM의 메이어에게 연락을 해 교섭에 들어가게 되었다. 당시 나는 MGM과 불화를 겪고 있었지만 수많은 질문을 주고받았다. 거래가 성사될 거라고 느꼈지만 최종 계약까지는 두 번이나 거부되었다. 하지만 낙담하지 않았다. 우여곡절 끝에 모든 걸림돌을 제거하고 간신히 계약을 체결할 수 있었다. 많은 사람이 기억하는 그 영화가 성공하기까지 그런 우여곡절이 있었다."

협상이 난항을 겪을 때도 그는 포기하지 않았다고 한다. 그럴 때는 다시 한번 책의 내용을 떠올리며, 어떤 인생 스토리와도 비교할 수 없는 실존 인물에 대한 이야기에 자신이 처음 느꼈던 매력을 기억하려고 애썼다. 마침내 그는 영화의 공동 제작자로 참여하게 되었고, MGM은 이 영화로 말 그대로 천문학적인 수입을 올리게 되었다. 제시 역시 40대 초반의 젊은 나이에 부호의 반열에 올라서게 되었다.

하지만 초인종을 눌러가며 집집마다 방문하여 낯선 사람에게 말을 걸고 고객을 찾아다녀야 하는 세일즈맨은 창작자도 아니고 발명가도 아니다.

따라서 평범한 사람이 유능한 세일즈맨이 되기 위해서는 적절한 훈련이나 교육이 필요하다. 미국 대부분 회사에서는 세일즈맨을 고용하면 즉시, 공장을 돌아보게 하고 일정 기간 연수를 하게 한다. 때때로 한 부서에서 몇 주 동안 연수를 한 뒤 다른 부서로 보내 훈련을 받게 한다. 회사에 따라서는 공장의 모든 부서를 돌며 상품의 기능이나 효과 등 전반에 걸쳐 지식을 숙지하는 곳도 있다.

내가 아는 한 회사는 신규로 채용한 세일즈맨들에게 1년간의 공장 근무를 하게 한 뒤 영업 현장에 투입하고 있다. 매뉴얼을 통해서 배우는 것이 아니라, 실제로 직접 생산에 참여해서 얻은 경험과 열정으로 상품에 대해 속속들이 알게 하려는 목적인 것이다.

연수 교육은 기계는 어떻게 작동하는지와 같은 사소한 부분들까지, 세일즈맨들의 영업 활동에 유용하게 쓰일 수 있는 지식들을 전달한다.

교육 과정에는 제조 과정, 조립, 분해, 오류 예방을 위한 주의사항, 작업 진행과 감독 과정까지 망라된다. 그런 다음 영업 책임자와 영업 교육 담당자의 지도를 받는다. 이렇게 철저하게 훈련을 마친 세일즈맨들은 상품의 장점을 고객에게 설명하고, 고객이 알고 싶어 하는 어떤 질문에도 척척 대답하는 능력과 완전한 자신감으로 무장한 뒤 모험을 나선다.

물론 공장, 즉 사내에서만 배운 내용을 판매 현장의 모든 과정에 적용하기 어렵다. 하지만 사내에서 이루어지는 교육을 통해 현장에서 일어날 수 있는 문제들을 상정하고 문제 해결을 위한 방법들을 배우게 되면, 실제 현장에서 상황을 주도하면서 원하는 바대로 고객과의 상담을 이끌어나갈 수 있게 될 것이다. 어찌 보면 세일즈맨은 상품 기획자나 개발자보다 더 많은 연구와 노력이 필요할지도 모른다. 결과를 끌어내는 데 있어 세일즈맨의 역할이 매우 중요하기 때문이다.

세일즈맨이 입 밖에 꺼낸 말은 책임질 수 있어야 한다. 물론 이것은 영업에만 국한되는 말이 아니며, 우리 인생의 전반에 걸쳐 지켜져야 하는 일이기도 하다.

경리로서 아무것도 모르던 한 인물이 경리 업무를 발판으로 삼아, 훗날 플로리다에서 가장 큰 쇼핑센터를 경영하게 된 내 친구 제리 워터맨이란 사람이 있다. 그리고 그의 경험담은 오랫동안 우리에게 귀감이 되고 기억될 것이다.

"내 인생에서 가장 재미있는 일은 대학을 졸업한 후 앨라배마에 있는 'US 스틸'에 입사하고 나서 일어났다. 입사 후 얼마

지나지 않아 파업이 일어나 입사 첫 달부터 월급을 절반밖에 받을 수 없었다.

당시 내 월급이 60달러였는데, 그마저도 파업 동안에는 30달러밖에 받을 수가 없었다. 이것으로는 도저히 생활할 수가 없었기 때문에, 플로리다주 잭슨빌에 있는 테레빈유와 페인트를 제조하는 회사로 옮기게 되었다. 이곳에서의 주된 업무는 회사 장부를 관리하는 경리로 근무하는 것이었다. 그때까지 단 한 번도 경리 업무를 해본 적도 없고 장부에 기록하는 일도 해본 적이 없었지만, 면접 시에 할 수 있다고 말해버린 것이다.

다행히도 친구 중에 전문으로 경리 업무를 하는 친구가 있었다.

나는 친구에게 무작정 무엇부터 하면 되느냐고 다그쳤고, 그는 나에게 간단한 5센트짜리 노트 한 권을 사서 하루 동안 일어난 수입과 지출에 대해 모두 적으라고 했다.

회사는 장부를 세트로 구매해서 관리하라고 지시한 터라, 친구의 조언을 받아 원장과 일간 기록장, 주간 기록장을 각각 샀다. 그리고는 하루 일이 끝나고 밤이 되면 몰래 사무실로 친구를 불러 장부 쓰는 법을 배웠다. 이것을 약 한 달 동안 계속하고 나니 겨우 친구 도움 없이도 장부를 기록할 수 있게 되었다.

그로부터 몇 달 후 이사회에 제출할 재무제표를 작성하라는 지시를 받았다. 재무제표를 본 적은 있어도 한 번도 작성해 본 적이 없어서, 처음 경리 업무를 했던 당시만큼이나 까막눈이나 마찬가지였다.

나는 다시금 친구를 불러 그의 도움으로 재무제표를 완성할 수 있었다. 이렇게 해서 작성한 재무제표는 매우 정확하고 완벽하다며 이사회로부터 칭찬까지 받는 수준에 이르렀다.

하지만 얼마 후 회사가 파산하는 바람에 나와 친구의 노력은 물거품으로 끝나고 말았다.

회사를 떠나는 날, 나는 상사에게 처음 경리 업무를 맡았을 때, 장부를 기재하는 법도 몰랐지만 어떻게 이 일을 해낼 수 있었는지 이야기해 주었다.

상사는 내 이야기를 아주 재미있게 듣더니 회사는 비록 파산을 했지만 일류 경리직원이라며 추천서까지 써주었다.

상사의 격려와 추천서에 자신감을 얻는 나는 곧바로 덴버로 향했다.

그리고 거기서 마스 브라더스 상사의 경리부에 취직하게 되었다. 몇 년 후 나는 경리부장과 사장 비서를 거쳐 두 곳의 지사를 관리하며, 연매출 2,500만 달러를 자랑하는 회사의 사장 겸 전무를 역임하고 퇴직할 수 있었다.”

제리 워터맨은 할 수 없는 일을 할 수 있다고 말하는 바람에 장래에 경영자가 될 기회를 얻었다고 농담처럼 이야기한다. 실제로 그는 할 수 없었던 일을 피나는 노력 끝에 숙달하고 자신이 한 말에 책임을 졌다. 그리고 자신의 말에 책임을 지기 위해, 커리어의 토대가 된 자기 자신을 팔 수 있었던 것이다.

세일즈맨은 고객과의 상담 중에 책임감을 갖고 대답해야 한다. 특히 방문 판매를 하는 사람이든 카운터 뒤에 서 있는 사람이든, 고객의 끝나지 않은 수많은 질문에 적절하고 성의 있게 대답해야 한다.

"이것은 무엇인가요, 왜 이런 식으로 만든 거죠, 어떻게 작동하는 거죠, 편리한 기능은 무엇인가요, 애프터서비스는 언제까지 되는 거지요?"

이들 질문에 적절히 대답하는 것은 해당 상품을 판매하는 것만 아니라, 해당 상품을 여러 개 판매하는 것, 더 가격이 높은 다른 상품을 판매하는 것, 심지어 관련 상품을 판매하는 것으로도 이어질 수 있다.

"왜 이 크림은 저쪽 것보다 두 배나 비싸죠?"

어느 화장품 매장에 들어갔을 때 한 젊은 아가씨가 직원에게 물었다. 그러자 직원은 어깨를 한번 으쓱하더니 "글쎄요. 잘 모르겠는데요. 아마 광고비를 많이 쓰고 유명한 제품이라 비싸지 않을까요?"라고 대답했다.

어떤 사람은 이런 대답이 정직하게 들려서 좋다고 생각할지 모른다. 하지만 나에게는 직원의 무지가 드러난 대답일 뿐이다.

직원은 자신이 팔고 있는 상품에 대해 아무것도 모르는 것이다. 오히려 매출을 떨어뜨리는 데에 숙련된 전문가일 뿐이다.

만약 자신이 파는 상품에 대해 충분히 잘 알고 있다면, 손님의 질문에 결코 저런 식으로 대답하지 않았을 것이다.

손님이 더욱 수긍할만한 대답을 했을 뿐만 아니라, 손님이 요청한 상품 외에 다른 미용 제품도 제안할 수 있었을 것이다.

손님과 상품에 충분히 주의를 기울이는 직원이 있는 매장, 의문점을 속 시원하게 풀어주고 고객을 기쁘게 하고 고객을 밀어내지 않는 곳, 이런 곳으로 쇼핑을 가는 기분은 얼마나 즐거운 일이겠는가.

상품 판매기술과 효율성에 관한 조사기관으로 유명한 월마크는 남녀 직원의 판매 기술을 평가할 때, 두 가지의 기본 자질을 강조한다.

첫째, 판매를 성사시키려는 노력을 하고 있는가?
둘째, 가격이 더 비싼 다른 상품으로 판매를 이어가려는 노력을 하고 있는가?

그 이유는 팔려고 하는 상품에 대해 완전한 지식이 없다면 이루어질 수 없는 일이기 때문이다.

얼마 전 포춘지가 영업에 관해 광범위하게 연구조사를 한 적이 있었다.

상품을 판매하는 사람들에게 어떤 문제들이 있느냐고 편집자들이 물었다. 그런 후 소비자의 답변과 함께 장문의 분석 기사를 실었다. 쉽게 말하면, 많은 사람이 매장의 직원은 단지 주문을 받고 상품을 건네고, 잔돈을 거슬러 주거나 상품을 포장하는 사람이라고 생각해 왔다고 결론을 내렸다.

따라서 직원이 손님에게 친절하게 설명을 하면서 구매를 권장하고, 어떤 상품이 손님에게 적합할지 설명하며 경우에 따라서는 다른 상품과 함께 쓰는 것이 좋은 이유를 설명할 때, 손님은 긍정적인 인상과 매우 신뢰감을 느낀다고 분석하고 있다. 그리고 이런 신뢰는 직원이 상품에 대해 충분한 지식을 갖고 있을 때 가능한 것이라고 맺고 있다.

시대는 항상 변하고 판매 기법에도 새로운 경향이 나타난다. 이제는 어느 백화점을 가더라도 여직원은 상품 코너에 있지 않고, 모두 전면에 서서 손님을 맞이한다. 직원은 더 이상 상품을 건네고 거스름돈을 건네는 역할에 머물러 있지 않다.

손님이 상품을 선택하는 데 도움이 되는 조언을 하고, 새롭게 등장한 올해의 유행 스타일과 고객별 맞춤 서비스를 더욱 충실히 하기 위해서이다.

어떤 사람들은, 직원은 주문받은 것에 대해 보수를 받는 것이지 고객에게 교훈을 알려주고 보수를 받는 것은 아니라고 말할지 모른다. 하지만 내가 오랜 시간 동안 보아 온 사람들은 이렇게 말한다.

"자신이 돈을 받는 것보다 더 팔지 못하는 사람은, 받는 돈 이상의 돈을 벌 수 없다."

◆ 자신의 상품 및 서비스에 대한 지식을 보다 강화하기 위해서 어떤 점을 더 연구할 필요
가 있을까요?

◆ 자신의 상품 및 서비스의 상향판매(up-selling)와 교차판매(cross-selling)를 더 잘하기
위해 어떤 점들을 더 연구할 필요가 있을까요?

◆ 고객 개인별 맞춤형 제안을 하기 위해 고객을 분석한다면, 어떤 유형으로 분석할 수 있
을까요?

◆ 각 고객 유형별로 어떻게 다르게 제안하면 더 효과적일까요?

영업을 하는 한 거절은 숙명처럼 따라다닐 것이며,
거절을 이겨내느냐 못하느냐에 따라
성과는 가늠할 수 없을 만큼 차이가 날 것이다.

제 7 장

고객의 불만에 변명하지 마라

상담 과정에서 고객의 반대에 적절히 대응하고 반대를 이겨내는 것은 세일즈맨에게 매우 필요한 역량이다. 이 재능을 얻기 위해서는 대화의 기술과 상품에 대한 해박한 지식, 그리고 번뜩이는 총명함이 필요하다. 특히 상품과 업계 전반에 걸친 지식은 고객의 반대를 이겨낼 만한 힘을 발휘한다. 그저 화려한 말솜씨보다는 더욱 정확한 지식이나 정보를 건네주는 사람에게 더 믿음이 가기 때문이다.

세일즈맨이자 부동산 개발회사의 경영자인 윌리엄 제켄도르프는 이렇게 말한다.

"판매는 기본적으로 인생의 다른 모든 문제와 유사하다. 도저히 해결할 수 없을 법한 문제도 해결책이 있는 것처럼, 아무리 까다로운 고객에게도 상품을 팔 수 있는 길이 있다. 장황한 말보다는 고객이 당면하고 있는 문제에 대해 좋은 답을 제시하거나, 고객의 반대에 논리적이고 적절한 답을 제시한다면 성공은 99%다.

고객이 세일즈맨의 설명에 동의하도록 만드는 데에는 상품에 대한 지식이 절대적으로 필요하다. 영업이 잘 이루어지지 않을 때를 떠올려 보라. 어떤 고객도 정확히 똑같은 질문을 던지지 않을 것이다. 고객이 다르면 질문도 달라진다. 영업 교육에서 배운 것과 똑같은 태도나 말투를 구사하는 고객도 없다. 고객이 다르면 질문에 대해 대답하는 방식도 달라져야 한다."

이와 더불어 고객의 반대를 이겨내기 위해서는 또 하나의 조건이 따른다. 고객의 속내를 알아내기 위한 반대와 구실을 구별하는 능력이다. 이것은 효과적인 판매 전략을 세우는 데 있어 매우 중요하다. 또한 경계가 모호해서 이를 구별하기 위한 기준이나 방법이 마련되어 있는 것도 아니다. 다만 상품에 대해 고객이 더 알고 싶어서 하는 반론인지, 구매하지 않기 위한 구실을 만들어서 하는 변명인지를 판단할 수 있어야 한다. 그렇지 않으면 아무리 시간과 노력을 기울여도 그에 걸맞은 성과를 내지 못할 수 있다.

그렇다면 반론이란 대체 무엇인가? 내 경험으로 볼 때, 반론은 고객이 아직 결정을 내리지 못한 상태에서, 자신과 회사를 위해 올바른 답을 찾기를 바라고 있는 상태를 말한다. 이는 후회하지 않고 신중하게 결정하기 위한 선의에서 발생하는 정당한 논리적 반박이다.

이 고객은 단지 아직 납득할 만한 설명을 듣지 못했거나, 상품에 대해 알지 못해 의구심을 갖고 있을 뿐이다.

반면에 구실은 무엇일까? 이는 구매 결정을 늦추려고 모색하거나, 구매할 의사는 없지만 세일즈맨에게 거절의 불쾌함을 안겨주지 않기 위해 잘라 말할 수 없어서 흔히 쓰는 방법이다.

우리는 이 두 가지의 차이를 바구니에 담겨 있는 사과와 오렌지처럼 명확히 구분해내야 한다. 둘 다 맛있어 보이지만 지금 어떤 것을 선택해야 더 만족할 수 있을지를 결정해야 하는 것처럼 말이다.

유능한 세일즈맨은 고객의 반론을 마음 상하지 않게 합리적인 설명으로 받아치면서 판매로 연결한다.

뛰어난 세일즈맨은 고객의 이의 제기를, 판매를 진전시키는 지렛대로 삼는다. 고객이 반론을 제기할 때, 더 이상의 이의 제기가 필요 없을 정도로 강력한 논리를 제시하고 싶어질지도 모른다. 하지만 만약 그렇게 해서 판매를 성사시킨들 고객 입장에서는 결코 좋은 구매가 될 수 없다.

유니언 생명보험의 찰스 나이트 영업소는 보험회사 대리점으로는 세계에서 가장 큰 규모를 자랑한다. 이 나이트 영업소의 소장인 33살의 찰스 버튼은 나에게 잊을 수 없는 교훈을 들려주었다.

　"나는 모든 상담에서 가능한 한 빨리 'NO'를 말하도록 유도한다. 정도의 차이는 있지만 대개의 남자는 거절하고 싶은 마음, 반대하고 싶은 마음이 있다. 이것을 몸에서 최대한 빨리 토해내게 하지 않으면 안 된다. 따라서 나는 상담 초반에 'NO'를 불러일으키는 질문을 던지고 있다. 거절을 받자마자 나는 정중한 어조로 그 이유를 물어본다. 내게 있어 '예스'란 대답은 병 속에 들어 있는 와인이다. '거절'은 코르크 마개이다. 이 코르크 마개를 뽑지 않는 한 와인을 마실 수 없다. 어차피 열어야 할 마개라면 아예 빨리 열고 시작하는 것이다."

　이의 제기는 좀 더 자세한 이야기를 듣고 싶다는 고객의 요청이다. 상담을 시작해서 끝낼 때까지 이 요청, 즉 반론이나 이의 제기를 받지 못하면 오히려 판매가 이루어질 가능성도 희박하다.

　"가격이 비싼데요. 조금 더 싼 것은 없을까요?"는 반론이거나 구실일 수 있다. 이를 구분하는 가장 쉬운 방법은 가격이 싼 다른 것을 보여주거나, 비싸 보이지만 월등히 좋은 상품을 제시했을 때, 고객이 납득을 한다면 이는 반론이다.

　세일즈맨이 상담에 좀 더 열의를 보여주면 판매가 이루어질 가능성이 높다.

반면 다른 상품을 소개했거나 더 좋은 상품을 제시했음에도 또 다른 변명을 한다면 그것은 구실일 가능성이 높다. 이럴 때는 적절한 이유를 들어 훗날을 기약하거나 완전히 다른 상품을 권유하는 것이 좋다.

그리고 고객이 하는 질문의 진의를 파악한다는 것은 좀처럼 쉽지 않은 일이다. 직감에 의지하기도 어려운 일이다. 오로지 상품과 그 분야에 대한 지식, 고객에 대한 이해, 수년간에 걸친 판매의 경험에 의존할 수밖에 없다.

더 많은 정보의 요청을 변명이라고 단정하는 실수는 피해야 한다.

확실히 거절 의사를 밝히지 않고 여러 가지 구실을 다는 고객도 세일즈맨들이 가장 싫어하는 유형이다.

한번은 내가 어떤 은행의 은행장 사무실에 앉아 보험 상품을 검토하고 있었다.

은행장은 매번 막판이 되면 내 설명에 동조하지 않는 이유를 찾아냈고, 나는 참을성 있게 각각의 이유에 대해 대답해야 했다.

사무실로 돌아와 상품 계획을 세 번이나 수정했는데 그때마다 매번 여러 사람이 시간을 들여 다시 계산해야 했다. 하지만 다음번에 그를 방문했을 때, 그는 상냥하게 히죽이며 "엘머, 아내와 상의해 봐야 할 거 같아."라고 말했다.

나 역시 아내와 상의하는 것에 대해 반대하지 않는다. 하지만 지난 몇 주 동안 은행장의 질문에 대답하며, 이 은행이 어떻게 운영되고 있고, 은행장의 아내가 은행 경영에 아무런 관심이 없다는 걸 잘 알고 있었다. 그리고 은행장이 그렇게 말한 순간 비로소 깨달을 수 있었다.

나 역시 오랫동안 의구심을 갖고 있었다. 그는 빠져나갈 탈출구를 찾고 있었던 것이다.

나는 "네, 그러십시오."라고 그의 이의 제기를 받아들이는 척하며 말했다.

"그럼, 상의하신 후 준비가 되면 연락을 주세요."

나는 가능한 한 빨리 이 영업을 끝내기로 마음먹고 명함철에서 그의 명함을 제거했다.

내가 더 이상 영업을 하지 않는다면 그 역시 나를 피하려 들지 않아도 될 일이었다. 실제로 판매를 위해 다른 노력을 하지도 않았다. 단, 이 이야기의 결말은 쉽게 예상할 수 있었다.

1년쯤 후에 그가 나에게 전화를 걸어왔다. 하지만 내가 거래를 원치 않는다는 사실을 알고는 고래고래 소리를 지르기 시작했다. 만약 내가 작년에 영업에 관한 전화를 했더라면 서로 시간만 낭비했을 것이다. 그뿐만 아니라 그 역시 최대한 친절하게 거절하기 위해 애를 썼을 것이다.

나는 그가 "엘머, 아내와 상의해 봐야 할 거 같아."라고 말했을 때, 핑계에 불과하다는 사실을 즉시 알 수 있었다.

하지만 내 친구이자 고객인 사람이 거의 똑같은 말을 했다면, 신중히 결정하려고 하는 악의 없는 변명이라는 확신이 들었다.

그렇다면 두 사례는 어떤 차이가 있는 것일까?

두 번째 사람은 직계 가족의 보험금 수급 문제에서, 보장성을 크게 높일 수 있는 단체보험을 고려하고 있었다. 중요한 문제를 빠른 판단으로 결정하는 사람도 있지만, 충분히 심사숙고한 끝에 결정을 내리는 유형도 있다.

더군다나, 나는 친구인 그 고객을 오랫동안 알고 지냈기 때문에, 그가 아내와 변함없이 보험 문제를 상의할 것이고, 그녀의 지식과 조언을 소중히 여길 거라는 사실을 알고 있었다. 따라서 어떤 대답을 단순하게 반론이나 변명으로 분류한다면 어리석은 실수를 저지를 수 있다.

따라서 세일즈맨은 그것들을 구분할 수 있어야 한다. 그렇지 않으면 아무 성과가 없는 고객 때문에 시간과 노력을 허비할 것이다.

어떤 고객들은 변명을 거절의 우아한 방법으로 사용한다. 세일즈맨이라면 누구나 솔직하게 말하는 것을 선호하지만, 나는 고객이 아무리 위장해서 변명해도 금방 알아듣는다.

거절하는 방법으로 변명을 택하는 고객은 세일즈맨들이 가장 싫어한다. 하지만 사업을 영위하는 사람이라면 부정적인 결정이라도 세일즈맨에게 진실하게 말해 주는 선의의 용기를 가져야 한다.

변명은 종종 실현되지 않을 일을 위해 지속적인 노력을 필요로 하기 때문에, 장기적인 관점에서 봐도 서로에게 득이 될 것이 없다.

세일즈맨 역시 거절을 받아들일 수 있어야 하고, 그렇지 못한 사람이라면 생각을 바꾸거나 다른 직업을 찾는 것이 좋다.

영업을 하는 한 거절은 숙명처럼 따라다닐 것이며, 거절을 이겨내느냐 못하느냐에 따라 성과는 가늠할 수 없을 만큼 차이가 날 것이다.

고객 기업이라면 거절의 이유를 확실히 밝히기 어려운 경우가 더 많다.

실적이 나빠 파산 직전에 있거나 구조조정에 맞서 투쟁하는 회사가 있다고 하자. 이 회사는 곧 닥칠 재정난에 대비해 세일즈맨이 제시하는 상품이나 서비스를 비싸게 구매할 수 없을 것이다. 그리고 그 점을 곧이곧대로 말하고 싶지 않을 것이다.

이 경우 회사의 반응은 개인 고객들과는 비교할 수 없을 정도로 막연하고 모호할 것이다. 이런 경우라도 거래가 완전히 거절되었다고 볼 수는 없지만, 거절의 이유를 말해 주거나 논의가 진척되기는 어려울 것이다. 이 정도라면 정직하고 친절하며 공정한 게임이라고 본다. 정말로 문제가 없는데 모호한 구실을 만들어 거절하는 회사는 드물기 때문이다.

반대 의견과 변명은 경계가 불분명하다고 앞서 언급한 적이 있다. 그래서 구매 결정을 어떤 악의도 없이 여유를 갖고 하려는 사람이 있다. 지금까지 진행된 논의로 볼 때, 이제 결정해야 할 단계에 온 것 같지만 실수를 줄이기 위해 신중에 신중을 기하며 결정을 미루는 경우다.

중요한 결정을 충동적이거나 빠르게 결정하는 사람도 있는 반면, 욕망을 행동으로 옮기기 전에 심사숙고하면서 여유를 갖고 생각하는 사람도 있다.

이런 유형의 사람들은 '아내한테 물어보고 나서.'라는 식으로 변명하지 않는다. 이들의 말은 거짓이 없고 진심에 가깝지만 비교적 반론도 만만치 않은 편이다. 실제 영업 현장에서는 이렇게 현실적일 뿐 아니라 여유롭게 결정하는 사람들이 많다.

세일즈맨이 어려운 것은 고객이 던지는 선의의 질문이나 변명을 위한 구실에도 항상 성의껏 대답해야 한다는 점이다. 당연히 두 가지 질문에 모두 합리적인 대답을 해야 하지만, 핑곗거리에 얽매인 질문을 다룰 때는 샛길에 빠지지 않도록 주의해야 한다. 즉 질문과 대답, 대화와 토론이 판매를 성사시키는 방향으로 가고 있는지 면밀하게 점검해야 한다.

한편 세일즈맨은 대화의 전체적인 흐름을 자신이 바라는 대로 이끌어야 하지만, 잠재고객이 실제로 협상을 주도하고 있다고 느낄 수 있어야 한다. 그리고 고객의 이의 제기나 반론은, 세일즈맨이 대응할 수 있는 준비가 되어 있을 때 말하도록 하는 것이 좋다.

예를 들어, 가격이 비싸다는 이의 제기에 대해서는, 상품의 장점이 고객에게 도움이 된다는 설명이 가능하면 바로 해소된다. 이를 통해 판매를 종결하는 데 한 발짝 더욱 다가갈 수 있을 것이다.

"가격이 비싸다고 하셨죠? 하지만 지금 사용하시는 장비보다 성능이 우수합니다. 이 장비를 들여놓으면 일손이나 수리, 공간을 절약할 수 있습니다. 많은 기업이 비싼데도 불구하고 이 장비로 교체한 이유는 그만한 장점이 있기 때문이죠."

그리고 더욱 자신 있게 상품의 장점을 하나하나씩 강조할 수 있을 것이다.

5달러의 앞치마를 파는 작은 매장이든 수천 달러의 모피코트를 파는 명품점이건, 판매가 이루어지기까지 반론과 이의 제기는 끝이 없다. 하지만 고객을 대하는 직원이 얼마나 적절히 대응하느냐에 따라 결과는 극명하게 달라진다.

　다음 네 가지 지침은 지난 몇 년 동안 나에게 헤아릴 수 없는 도움을 주었다. 이것이 여러분의 영업 활동에 어떤 도움을 줄지는 모르지만 여러분에게 넘겨주려고 한다.

　1. 변명을 위한 이의제기에 휘둘리지 말아야 하지만 거기에는 항상 이유가 있다.

　2. 반론이나 이의제기에 반론하거나 불쾌해할 필요는 없다. 오로지 납득할 만한 대답이 필요할 뿐이다.

　3. 이의제기로 가장한 변명처럼 불쾌한 것은 없다!

　4. 모든 반대 의견을 충족시켜 주는 것을 목표로 하자!

◆ 고객의 반론과 구실을 구별하는 자신의 방법은 무엇인가요?

◆ 고객의 반론에 평정심을 유지하기 위한 자신의 방법은 무엇인가요?

◆ 고객의 주요 반론 10가지는 무엇일까요?

◆ 각 반론에 대해 어떻게 대처해왔나요?

◆ 고객의 반론에 효과적으로 대처하기 위해 또 어떤 것을 연구하고 훈련하면 좋을까요?

세일즈맨은 그저 무에서 유를 창조하기 위해 잠재고객에게 접근하지만,
그는 초대를 받거나 격려받은 적도 없다.
모두 자기 발로 스스로 찾아가서 신세계를 개척해야 한다.

제8장

방문 판매가 성패를 가른다

　냉담한 청중에게 접근하듯 다가가서 고객과 상담을 할 때처럼, 세일즈맨의 설득력이 혹독한 시험대에 오르는 일도 없다.

　가가호호 초인종을 누르며 돌아다니는 방문 판매, 전화를 걸어 판촉 활동을 벌이는 폰 마케팅을 하는 사람들이 여기에 해당된다.

　이는 당신에게나 당신이 취급하는 상품에 대해 전혀 관심을 보이지 않는 사람에게 다가가야 한다는 것을 의미한다.

　나는 이 책에서, 고객을 만나기 전에 성공적인 판매를 위한 토대를 마련하는 것이 중요하다는 점을 강조해 왔다. 그리고 쇼맨십과 우정, 배려, 성실과 열의가 그 토대를 이루는 주춧돌이 된다고 했다. 그렇다면 나는 왜 냉담한 청중과의 접근과 같은 판매 상담을 진정한 도전으로 보는 것일까?

　손님이 매장에 들어서는 순간 판매의 반은 이루어진 것이나 마찬가지라고 말할 수 있다. 손님을 불러들인 것은 신문이나 텔레비전 광고, 쇼윈도의 장식, 홍보, 혹은 매장이 오랜 기간에 걸쳐 쌓아온 명성 때문일 것이다.

손님이 매장 안으로 들어오면 손님을 맞이하는 직원의 역량에 따라 판매가 달라진다. 손님에게 눈길 한번 주지 않고 무시하는 직원이 있는가 하면, 더할 나위 없는 친절함과 공손한 말투로 고객을 사로잡는 직원이 있을 것이다.

직원의 대응에 따라 사려고 하지 않았던 물품을 사거나, 애초의 예산보다 훨씬 더 많은 물품을 구매하거나, 다음에 다시 찾아오는 일 등은 얼마든지 있을 수 있는 일이다.

그러나 생면부지 냉담한 고객을 만나야 하는 방문 판매는 이와는 상황이 완전히 반대다.

손님은 상품을 사기 위해 오지 않는다. 상품이 고객을 찾아나서야 하는 것이다. 세일즈맨이 만나는 그 사람은 심지어 아직 고객도 아니다. 기껏해야 잠재고객일 뿐이다. 왜냐하면 세상 모든 사람은 모두 잠재고객이기 때문이다.

세일즈맨은 그저 무에서 유를 창조하기 위해 잠재고객에게 접근하지만, 그는 초대를 받거나 격려받은 적도 없다. 모두 자기 발로 스스로 찾아가서 신세계를 개척해야 한다.

나는 오랫동안 가정과 사무실을 직접 찾아다니며 영업을 해 왔지만, 노크했을 때 고객으로부터 단 한 번도 "당신의 상품을 바로 살게요. 가격은 얼마이고, 언제 가져다줄 수 있나요?"라는 말을 들어보지 못했다.

방문 판매를 하는 세일즈맨의 상품은 고객에게 있어 '요청하지 않았을 뿐 아니라, 필요 없는 물건이고, 사용할 여지도 없는 물건이며, 둘 곳도 없고, 구매할 돈도 없는 물건'이다.

세일즈맨이 이런 황무지에 거름을 주고 물을 주어 개척해야 하니 얼마나 힘겨운 일이겠는가? 그 결과 이들 방문 세일즈맨들은 이 나라에서 가장 뛰어난 세일즈맨으로서, 훨씬 더 중요하고 높은 직급까지 올라 은퇴함으로써 성공을 입증해 보였다. 냉담한 고객들은 세일즈맨들의 유능함을 입증하는 장소이자 학교였던 것이다.

이 방문 판매야말로 판매에 관해 말할 수 있는 모든 것을 보여준다. 영업은 고객이 거절한 순간 시작되기 때문이다.

방문 판매에서 열정은 첫 번째 필수조건이다.

저항이라는 견고한 벽을 무너뜨리고 싶어 하는 사람은, 자신이 취급하는 상품에 열정과 자부심으로 불타오른다. 이런 사람은 넘치는 열의와 따뜻함, 열정적인 목소리, 논쟁에서 격렬함으로 호소할 것이다. 이때 상품은 비로소 세상에서 가장 아름다운 것, 꼭 필요한 것이 되어, 이 좋은 상품을 손에 넣은 기회를 결코 지나칠 수 없게 될 것이다.

다음은 고객의 저항을 생각하지 않을 수 없다. 고객의 저항이라니, 무슨 말일까?

고객은 항상 저항하게 되어 있다. 고객은 세일즈맨이 말하는 것은 무엇이든 천성적으로 회의적으로 본다. 하지만 대화의 과정이 세일즈맨의 통제하에 있을 때도, 고객이 회의적으로 말하는 것을 허용하는 이유는 무엇일까?

상담 초반에 고객은 반대 의견을 말할 기회가 주어지거나, 구체적으로 표현할 기회가 주어지면 주어질수록 자신의 주장에 더욱 확신을 갖게 된다. 심지어 세일즈맨조차 고객의 반론에 수긍하며 판매를 포기하는 경우도 있다. 그렇다면 이런 반대에 부딪혔을 때 어떻게 대처해야 할까?

첫째로, 처음 만난 고객과 냉랭한 분위기에서 상담이 이루어지는 동안에는 대화가 끊기지 않도록 하는 것이 중요하다.

구매에 저항감을 갖고 있는 상태에서 침묵은 반대를 한층 강화시켜 줄 뿐이다. 이때 말을 많이 하는 것보다는 요점을 정확히 전달하는 것이 중요하다. 불필요한 말을 많이 하면, 세일즈맨의 선의가 오히려 신뢰를 떨어뜨리는 자기방어로 들릴 수 있기 때문이다. 너무 많은 말을 늘어놓게 되면 고객은 선택을 주저하고, 반대를 위한 총알을 더욱 많이 장전하게 되는 것이다.

방문 판매에서 말을 너무 많이 늘어놓지 말라고 하면, 직설적으로 말하는 것이 효과적이라고 생각할지 모른다. 하지만 내가 지금까지 강조한 간접판매 방법, 즉 곧장 본론으로 들어가지 않고 미묘하게 벗어난 이야기들로 화제를 삼은 뒤, 때가 무르익었다고 생각될 때, 본론으로 들어가라는 것이다.

이렇게 해서 구매로 이끄는 방법이, 처음 보는 낯선 사람과 대면하는 방문 판매의 경우에는 적절치 않은 방법이라고 생각할 수도 있다. 하지만 그렇지 않다.

단도직입적으로 요점만 전달하는 방식과 간접판매 방식을 상황에 따라 적절히 구사하는 것이야말로 방문 판매에서 가장 필요한 기술이다.

예를 들어, 초인종을 울린 후 처음 꺼낸 말이 반드시 방문 목적에 부합되는 것일 필요는 없다. 만약 아이들 상품을 취급한다면 "혹시 집에 아이들이 있나요?"와 같이 물어볼 수도 있다.

대부분의 세일즈맨들은 이런 말투보다는 더 직접적인 방식이 효과적이라고 생각한다.

"여기 제가 보여드리고 싶은 것이 있습니다. 자녀 교육에 아주 좋은 상품을 가져왔습니다만……."

하지만 이 두 문장은 실제로 엄청난 차이가 있다. 먼저 방문한 집에 아이가 없다고 가정해 보자. 그러면 앞선 집의 대답은 당연히 '없어요.'가 될 것이다.

하지만 세일즈맨은 그 시점부터 계속해서 아이가 있는 이웃 집이나 친구에 대해 질문을 하는 등 특정 상품에 관심이 있을 만한 목표 고객을 찾으려 할 것이다.

만약 두 번째의 경우라면 '우리 집에는 애들이 없으니까 됐어요.'라며 확실하게 거절하고, 문을 닫아버리거나 아예 열어주지 않을 위험도 내포하고 있다.

처음 질문에서, 세일즈맨은 아무것도 팔려고 하지 않았고, 자신이 판매원이라고 알리지도 않았다. 그저 간단한 질문만을 한 것뿐이다.

만약 아이가 있는 집이라면 "네, 여기 아이가 있는데요. 무슨 일이죠?"라고 묻는 게 보통일 것이다. 그리고 아무것도 필요하지 않다고 말할 가능성도 극히 적다.

두 번째 질문은 아이가 있건 없건 "죄송합니다. 관심 없습니다."라고 말하고 문을 닫아버릴 가능성이 큰 방식이다.

이번에는 세일즈맨이 긍정적인 대답을 얻은 경우를 가정해 보자. 그는 설명을 준비하면서 "아이들이 몇 살인가요? 몇 명이나 있는지요?"라고 물으며 대화를 진전시켜 나갈 것이다. 그리고 가급적이면 말을 많이 하면서 판매에 유리한 분위기를 만들어갈 것이다. 직접적이거나 간접적인 방식은 어느 한쪽의 방식이 효과적이라기보다는, 상황에 맞게 적절한 쪽을 선택하는 것이 매우 중요하다.

직접적인 방식은 세일즈맨의 방문 목적을 알고 싶은 사람의 호기심을 불러일으킬 것이다. 아이가 있느냐는 질문에 긍정의 대답과 함께, 곧바로 이유를 물어볼 것이다.

고객이 질문했다는 것은 방문 목적을 말해 달라는 초대장과 같다. 또한 세일즈맨의 말을 들어주겠다는 약속이나 마찬가지다. 이후부터는 여유롭게 대화를 이끌어 가면 된다.

이제 상품 가격이 다소 비싼 경우라고 가정해 보자.

방문한 지역은 대체로 중산층이 거주하는 곳이다. 중산층이라 해도 일반 가정에서 월 150달러가량을 정기적으로 지불하는 데에는 부담을 느낄 만한 금액이다.

주부들은 설명을 충분히 듣기 전부터 먼저 가격을 물을 것이 확실하다. 이때 재치 있는 판매원은 이 질문을 즉답하지 않는 요령을 알고 있어야 한다.

그는 열심히 설명하고 또 열심히 설명하면서, 가격이라는 위험지대에 들어가지 않도록 계속 말을 이어가야 한다. 한마디로 말해, 질문할 틈 자체를 주지 말고, 가져온 모든 팸플릿이나 홍보자료를 바닥에 펼쳐놓고, 마치 이것이 없어서는 안 될 현존하는 최고의 물건인 것처럼 진지하게 설명을 이어가야 한다.

물론 조만간 가격에 대한 대답과 그에 따른 반론에 대답하지 않으면 안 될 시간이 다가온다. 하지만 대답은 구매욕을 불러일으키는 싹을 틔운 후여야 한다.

단 하나의 방법을 모든 상담이나 판매에 적용할 수는 없다. 체스 게임의 모든 수를 다 알고 있을 수 없듯이, 사람마다 끝도 없이 다양한 반응을 나타낼 것이기 때문이다.

그렇다면 세일즈맨이 상품 이야기를 꺼냈을 때, 우리 집에는 이미 그것이 있다고 대답했을 경우를 생각해 보자.

진공청소기 같은 제품을 가지고 있다면, 똑같은 용도의 제품을 하나 더 필요로 하지는 않을 것이다. 그래서 더는 대화를 하지 않으려 할 것이다. 그렇다고 팸플릿 등을 다시 가방에 집어넣고, 인사를 건넨 후 시간만 낭비한 채로 낙담하면서 길을 나섰다고 치자. 이제 어디로 갈 것인가? 길을 잃었다고? 이렇게 생각하면 아직도 시야가 좁은 것이다.

사실, 이런 막막한 순간이야말로 뭔가를 보여줄 절호의 기회다.

방문한 가정의 주부는 이미 같은 물품을 갖고 있기 때문에 거절 의사를 밝힌 것뿐이다. 따라서 이때는 놀랍다는 표정을 지으며 "아, 이미 갖고 계시는군요. 사용해 보니 어떠신가요? 마음에 드십니까? 아이들도 만족하나요? 많이 사용하고 계신가요?"라고 물어볼 수 있다.

이 질문에 대부분의 사람은 거의 긍정적으로 대답할 것이다. 그러면 아이를 가진 다른 사람들을 추천해 달라고 요청할 기회가 생길 것이다.

"다른 가족이나 친구, 친척, 이웃들에게 소개해 주시면 제가 이 제품들을 한번 보여드리고 싶네요."

물론 써보고 만족했다면 다른 가족이나 친구, 친척, 이웃들에게 권하고 싶어 할 것이다.

세일즈맨이 열정적으로 말하고 활기찬 대화가 이어져, 다음 영업 대상에 대해 소개를 받는다면, 첫 대면으로 인한 냉랭함이나 껄끄러움을 크게 줄일 수 있을 것이다. 또 세일즈맨의 열의나 정성에 따라 이름과 주소를 알려 주는데 그치지 않고, 전화를 걸어 상담 약속까지 잡아줄지도 모른다.

그녀가 주도권을 잡고 판매원을 소개하기 위해 그녀에게 연락하도록 할 수 있다. 이는 매우 이상적으로 문제가 풀린 경우지만, 내 경험에 따르면 결코 터무니없는 일은 아니다.

마지막으로 고객이 사고 싶어 하기는 하지만 가격이 비싸다고 느끼는 경우를 가정해 보자.

"너무 비싸서 엄두를 못 내겠어요."라고 대답한다면, 마치 귀머거리라도 되는 양 반응하지 말아야 한다.

상대방이 가격에 초점을 맞추고 계속 이야기를 하더라도 귓등으로 흘려보내고 대꾸를 말아야 한다. 그 대신, 그 집에 있는 아이들이 특히 흥미를 갖는 부분이 무엇인지를 파악하여, 그것을 집중적으로 부각시킨 후 상품과 연결시켜 역설하는 것이다.

이런 영업의 기술은 아무리 비싼 상품이나 당장 필요하지 않은 상품이라도, 조금만 변화를 주면 얼마든지 유용한 상품으로 둔갑할 수 있다.

집집마다 찾아다니는 호별 방문 판매는 산업체 판매의 방법과는 조금 다르다. 가장 큰 차이점은 이것이다.

기업체에 판매를 할 때, 세일즈맨은 고객을 찾아가 우정을 쌓을 것이다. 이렇게 씨앗을 심고 나서 수개월 혹은 수년 후, 한 번에 수확을 거둘 것이다.

나 역시 기업체 고객을 알고 나서 첫 판매를 할 때까지 20년이 걸렸다. 이 기간 동안, 나는 판매 가능성이 희박하다는 생각을 하면서도, 결코 희망을 접지는 않았다.

하지만 방문 판매를 하는 사람은 몇 달 혹은 몇 년이고 느긋하게 기다릴 수 없다. 이야기를 꺼낸 다음 곧바로 가부의 결정을 하게 해야 한다. 처음 방문해서 상담할 때는, 때로는 상대방의 눈치를 살피지 말고 정면으로 공격할 필요도 있다.

"충분히 잘 생각해 보고 나서 알려드리겠습니다."라는 말은 그저 대부분 예의 바르게 거절하는 문구에 지나지 않는다.

열정에 찬 세일즈맨의 격렬한 설명이 상대방의 귓전을 울리고 있을 때, 이때야말로 고객에게 신청서를 내밀고 도장을 받아낼 수 있다.

팸플릿을 펼쳐놓고 읽으며 샘플을 보여주고 시연까지 이루어졌다면, 고객으로부터 긍정의 대답을 끌어낼 절호의 타이밍인 것이다.

여기까지 설명이 이루어졌는데도 다시 생각할 시간을 준다면 판매에 실패할 가능성이 크다. 이는 경험 많은 세일즈맨들이 이구동성으로 동의하는 말이다.

"제가 다른 지역을 담당하게 될지 모르니, 아직 궁금한 부분이 있다면 지금 설명해드릴 테니 말씀해 주시겠습니까?"라고 결판을 내려는 자세로 임해야 한다. 고객을 약간 궁지로 몰아붙이는 느낌을 주는 것이다.

다만, 이런 방식은 나중에 고객이 후회할 수 있는 조급한 결정을 끌어내, 취소로 이어질 수 있기에 주의가 필요하다. 물론, 판매 중인 상품 가격이 저렴하다면 취소는 없을 것이다. 이의를 제기한다 하더라도 5달러의 물품을 1달러 물품으로 교환해 달라고 하는 요구는 없을 것이다. 판매는 이루어진 것이다.

가격이 비싼 경우는 나중에 해약을 요구하는 사람이 있을 수도 있다. 하지만 정상적으로 설명이 이루어졌다면, 누군가에 의해 마음이 바뀌지 않는 한 계약 취소를 요구할 가능성은 거의 없다.

심리학적으로 해약을 신청하는 사람은 해약이 정당하건 그렇지 않건, 자신의 해약 요구를 대부분 퇴보적인 행동이라고 생각한다고 한다. 즉 자신의 잘못을 시인하는 것이다.

또한 만약 세일즈맨의 말에 솔깃해서 구매 결정을 했지만, 나중에 불만이 생겼다고 가정해 보자. 그러면 상품에 대한 나쁜 선전이 되지 않을까? 전혀 그렇지 않다고 생각한다.

설득력이 풍부한 설명, 심지어 과도한 고단수의 판매 기술조차도 그것이 열등한 품질의 상품을 팔고 있다는 걸 암시하지는 않기 때문이다. 상품의 품질이 세일즈맨의 설명과 일치하고 설명서에 기재된 것과 다르지 않다면 어떤 설득의 방식도 문제가 되지 않는다.

내가 권장하는 설득의 방법은 상품의 품질이나 기능을 과장하라는 게 아니다. 강한 열정과 진지함으로 상품에 대해 진실을 말함으로써, 고객의 구매를 끌어내라는 뜻이다. 이것은 다른 말로, 어떤 반론에 관해서는 설명을 하고 또 어떤 주장은 무시하는 방식으로 진행되는데, 고객의 선택보다는 세일즈맨이 원하는 시점에 반론과 설명이 이루어지는 것이다. 그리고 이것은 정당한 판매라는 뜻이다.

방문 판매에 관한 이런 노하우는 브러시나 백과사전을 팔기 위해 돌아다니는 사람에게만 해당하는 것이 아니다.

그래서 방문 판매를 담당했던 친구 짐 패리의 경험담을 인용해 보고 싶다. 예전부터 건축자재 사업을 하던 그는 유나이티드 스티 치라는 석고회사에 석고를 팔고 있었다. 그는 당시 뉴욕 교외에 살고 있어서 웨스트 쇼어 철도를 이용해 출퇴근하고 있었다.

"어느 날 저녁이었다. 웨호켄으로 가는 길에 웨스트 쇼어에 서 강을 건너는 배를 타고 있었다. 터미널을 수리하는 건축회사 가 코모도어 호텔 수리도 하고 있었는데, 문득 그들에게 석고 주문을 받을 수 없을까 하는 생각이 들었다.

나는 곧 배에서 내려 42번가에서 전철을 타고 1번가에서 내 려 곧장 45번가로 걸어갔다. 그리고는 석고 일을 담당하는 도급 업자 더칸 씨를 찾아갔다.

나에게는 소개장도 없었고 안내도 받지 못했으며, 석고를 필 요로 하는지도 모른 채 더칸 씨를 찾아간 것이다.

사전에 아무 연락도 없이 불쑥 찾아갔기에, 더칸 씨의 사업 현황에 대해 아무것도 모르고 있었다. 하지만 우리 두 사람은 긴 시간 동안 대화를 나눴고, 나는 아무 때라도 좋으니 주문을 넣어 달라고 요청했다. 그러자 그는 몇 주 후에 실제로 주문할 것이라며, 구체적인 주문 계획을 알려줬고, 나에게 큰 기회가 다가오고 있음을 직감할 수 있었다.

얼마 후 주문이 들어왔고 나는 즉시 시카고 본사에 전보를 쳤다. 주문량은 상상도 못 할 만큼 엄청난 양이었다.

이 스릴 넘치는 경험은 결코 잊을 수가 없다. 사실 나는 코모도어 호텔에 자주 간다. 그리고 그때마다 건물을 둘러보고 더칸씨에게 팔았던 석고 일을 떠올리지 않고는 들어갈 수가 없다.”

다음 이야기는, 기회의 포착과 즉각적인 수주에 관한 집착을 잘 보여주는데, 그 두 가지는 방문 판매에 있어 너무도 중요하다. 나중에 미국에서 가장 성공적인 세일즈맨이 된 어느 젊은 세일즈맨의 이야기다.

“내가 약관의 나이 20살쯤 되었을 때 일이다. 당시 로드아일랜드의 어느 작은 마을로 처음 출장을 가게 되었다. 그곳에는 앞으로 내가 담당하게 될 회사의 예상 고객이 있었다.

그곳까지 가기 위해서는 프로비턴스에서 지방으로 가는 열차로 갈아타야 했다. 나는 ‘만약 그 공장에 도착했는데 사람이 없으면 어떡하지?’라고 생각하며, 젊은 패기로 전화를 걸어 확인해 보기로 했다. 그런데 내 소개가 다 끝나기도 전에 아주 매정한 목소리로 ‘당신네 재료는 필요 없소.’라고 말하고는 전화를 끊어버렸다.

큰일 났다고 생각한 나는, 그 마을로 가는 첫 번째 열차에 곧장 몸을 싣고 서둘러 그 공장을 찾아가 보았다. 때마침 그는 자동차를 타고 막 프로비던스로 출발하려던 참이었다.

나는 얼른 다가가서 다시 한번 내 소개를 했더니 '내가 전화상으로 당신의 어떤 재료에도 관심이 없다고 말했을 텐데? 왜여기까지 내려왔지요?'라며 퉁명스럽게 쏘아붙였다.

그래서 나는 이것이 나의 첫 출장이라는 점, 주문의 여부와 상관없이 한 번쯤은 만나보고 싶었다고 말했다. 그러자 다소 누그러진 말투로 '자, 타세요. 프로비던스까지 태워드리리다.' 하는 것이었다.

이는 아주 오래된 이야기라 자동차도 오늘날처럼 흔하지 않은 시절이었다.

프로비던스로 가는 차 안에서 그는 훨씬 더 부드러워졌고 판매에 대해서도 몇 가지 물어보았다.

분위기가 바뀌었다고 생각한 나는, 회사가 아주 특별한 첫 출장을 보내주었다는 점을 강조하면서, 이야기만이라도 들어달라고 조심스럽게 설명했다. 그러자 그의 안색이 변하는 게 역력해 보이더니, 곧바로 가격을 제시했다.

그가 제시한 가격은, 내가 제시한 가격보다 약간 낮은 가격이었다. 어쨌든 그 가격에 계약할 권한은 나에게 없었기에, 본사에 연락해서 수락할 것인지 전보를 쳐서 알려주기로 했다. 주문량이 상당했기에 뉴욕으로 돌아가 본사에서 상의할 시간적 여유가 없었다.

다음 날 나는 본사가 고객의 입찰을 받아들였다고 전보를 칠 수 있었다. 나는 이 회사에 오랜 세월 동안 근무하고 있지만, 이것이 나의 영업 생활의 출발점이었다."

이 이야기는 유나이티드 제조 판매사의 CEO 슈왑의 체험담이다. 이 이야기에서는 무엇을 말하고 있는 것일까?

첫째, 방문 판매에서 첫 만남은 항상 냉랭하다.

둘째, 방문 판매원은 취급하는 상품에 대해 뜨거운 열정을 갖고 있다.

셋째, 그는 첫 번째, 두 번째 거절을 듣지 못했다. 즉 고객의 거절에 크게 신경 쓰지 않았다.

그렇다면 진정한 영업은 언제 시작될까? 답은 이 책의 제목에 나와 있다!

◆ 신규고객 발굴을 위한 자신의 주요 전략은 무엇인가요?

◆ 새로운 잠재고객과의 첫 만남에서 어떤 말을 꺼내면 효과적일까요?

◆ 잠재고객과의 첫 대면 시 염려되는 것은 무엇인가요?

◆ 그것에 대해 어떻게 대비하면 좋을까요?

◆ 방문판매에 대한 자신의 자신감은 100점 만점에 몇 점 정도인가요?

◆ 우선 5~10점 정도 더 올리기 위한 방법 4가지는 무엇일까요?

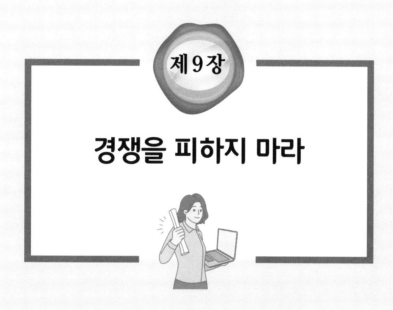

제 9 장

경쟁을 피하지 마라

세일즈맨의 세계가 경쟁이 매우 치열한 세계라는 건 강조할 필요가 없을 것이다.

세일즈맨의 본질은 말한 바를 실천하고 경쟁에서 이기는 것이다. 그렇다면 세일즈맨이 본격적인 판매를 하기에 앞서 좋은 분위기를 만들어야 하는 목적은 무엇인가?

세일즈맨이 판매하는 상품을 보증하기 위함이다.

판매를 성사시키기 위해, 고객이 제시하는 불만에 납득할 만한 설명이 필요한 이유는 무엇인가?

어떤 사람들은 이 같은 판매 연장 활동이 경쟁과는 무관하다고 생각할지 모른다. 하지만 그것은 매우 잘못된 생각이다.

세일즈맨은 동일하거나 유사한 상품을 취급하는 다른 사람들과도 경쟁하지만, 고객의 지갑을 놓고 다른 상품을 취급하는 세일즈맨들과도 경쟁한다. 가구 판매점이라고 해서 정육점이나 식당, 영화관과 경쟁하지 않는 것은 아니다.

내 생각에 세일즈맨이 다른 경쟁자를 대하는 가장 좋은 방법은 '모르는 척하기'라고 본다.

나는 경쟁자를 모르는 척한다. 하지만 이는 다른 경쟁자를 무시하라는 뜻이 아니다. 고객에게 자신이 취급하는 상품이나 서비스의 품질과 장점들을 역설함으로써, 상대방이 제공하는 경쟁 상품에 대해 비교 우위를 보여주는 것이다. 결코 상대방을 모함하거나 비방하라는 뜻이 아니다. 고객에게 정성을 다하고 진실하게 대한다면, 당신의 상품은 더 좋은 평가를 받을 것이고, 당신 역시 다른 경쟁자들보다 훨씬 돋보일 것이다.

경쟁 상품에 대해 악의적으로 공격하는 것만큼 어리석고 고객에게 부담을 주는 일도 없다. 그런 행동은 팔려고 하는 상품의 질이나 장점에 대해 아무것도 증명하지 못한다. 무엇보다 전혀 불필요한 행동이다. 왜냐하면 경쟁자의 결점을 부각시키기보다 자신이 다루는 상품이나 서비스에 대한 장점을 납득시킬 때, 비로소 판매라는 목적을 달성할 수 있기 때문이다.

우리는 가끔 경쟁 없이 물건이 팔리는 세상을 꿈꾸기도 한다. 하지만 그것은 헛된 꿈일 뿐 아니라 무서운 악몽과도 같은 일이다. 경쟁이 없다면 물건을 사는 데도, 물건을 파는 데도 바람직한 세상이 될 수 없다. 경쟁이 있기에 품질이 향상되고 가격이 내려가고, 사람들이 예리한 정신을 유지하는 이유도 바로 이 경쟁 때문이다.

영업의 세계에 경쟁이 없다면 판매 수준이 떨어지고, 그에 따라 생활 수준도 현저히 떨어질 것이다. 그럼에도 불구하고 현실에서는 경쟁에서 이기는 방법을 모르는 사람들이 너무 많다.

그렇다면 경쟁에서 이기기 위해서는 어떻게 해야 할까.

첫째, 판매원은 경쟁이 무엇인지 그 속성을 알아야 한다. 경쟁 상대의 상품과 자신이 취급하는 상품에 대해 현실을 직시하고, 왜곡된 눈으로 바라봐서는 안 된다.

경쟁 상대도 좋은 사람이지만 당신은 더 우수한 사람이다. 경쟁 상대가 취급하는 상품도 우수하다. 하지만 당신이 제공하는 상품이나 서비스는 더 훌륭하다.

항상 자신이 최고이고 자신의 상품이야말로 최상의 것이라는 자긍심을 갖고 있어야 한다. 동시에, 결코 경쟁 상대를 헐값에 매도해서는 안 된다. 그 역시 무능하지 않지만 당신만큼은 유능하지 않다고 자부심을 갖고 있어야 한다.

경쟁자의 상품이 더 나을 수도 있지만, 얼마든지 당신이 취급하는 상품에서 더 뛰어난 장점들을 찾아내 고객을 납득시킬 수 있다. 그리고 당신이 찾아낸 장점은 경쟁 상품과 비교할 수 없을 만큼 뛰어나다는 것을 진심으로 믿어야 한다. 영업에 나설 때는 이 점을 중심에 두고 고객을 설득하는 것이다. 이렇게 한다면 경쟁 상대의 상품이 더 나을지라도 판매 경쟁에서는 당신이 승자가 될 수 있다.

최근에 우리는 매우 치열한 경쟁을 해야 했지만 결국은 거래를 성사시킬 수 있었다. 이 사례는 어느 회사와 오랫동안 긴밀한 관계를 맺고 있던 어느 보험회사 대리점과 우리가 경쟁했던 이야기다. 이 사례를 조금 더 자세히 설명하려고 하는데, 그 이유는 내가 생각하는 경쟁의 가장 효과적인 방법, 즉 보험 분야뿐만 아니라 다른 어떤 분야의 영업에서도 참고할 만한 내용이라고 생각하기 때문이다.

우리는 이전에 한 번도 거래하지 못했던 한 회사를 공략하기로 마음먹고 계획을 세웠다. 이유는 그 회사도 이제 단체보험에 가입할 시점이 되었다고 판단했기 때문이다. 당연히, 그 회사는 다른 종류의 보험, 즉 상품에 대한 책임, 화재, 도난, 직원 보상, 그리고 몇몇 간부들에 대한 생명보험에 가입해 있었다. 그리고 그 회사와 관계를 맺고 있는 한 브로커가 있었는데 그가 모든 보험을 책임지고 있는 것은 아니었지만 대부분의 보험을 책임지고 있었다. 따라서 회사는 이 보험 대리인을 불러 단체보험에 대한 기안을 의뢰했다.

우리 회사는 평소에도 지속적으로 홍보활동을 해왔기에, 그 회사도 레터만사가 단체보험을 전문으로 다루는 회사라는 것을 알고 있었다. 그래서 우리에게도 단체보험에 관해 상담을 받고 싶다는 의뢰를 해온 참이었다.

그 회사는 두 곳의 대리점에 단체보험 견적을 의뢰한 사실을 감추지 않았다. 결국 두 대리점 중 하나만 계약에 성공할 것이란 점은 서로 잘 알고 있었다.

상황은 우리에게 결코 유리하지 않았다. 경쟁 상대는 오랫동안 그 회사와 거래를 해 왔기 때문에 우리보다 훨씬 더 유리한 입장에 있었고 우리는 이방인이었다. 아무리 봐도 상황은 압도적으로 우리가 불리했다. 우리 회사가 특단의 묘수를 내놓지 않는 한, 그 회사가 통상적인 방식에서 벗어나지 않을 것 같았다.

우리는 아주 자세하게 그리고 최대한 정성스럽게 단체보험 플랜을 준비했다. 단체보험에 가입하는 사원의 근속연수 문제, 보험료, 세금 공제 혜택 등의 것까지 완벽하게 정리했다.

보험은 여러 가지로 복잡하지만 단체보험은 특히 더 복잡하다. 하지만 경쟁 상대를 의식해 최대한 간단하고 알기 쉽게 플랜을 작성했다.

마침내 우리가 작성한 플랜을 제출했을 때, 경쟁 상대가 제출한 플랜과 사실상 거의 다르지 않다는 걸 알게 되었다. 복잡한 상황을 고려한다면 조금 이상하게 들릴 수도 있지만, 조사하고 협의하는 과정에서 무엇을 포함하고 무엇을 생략할지에 대해, 이 회사 경영진이 대리점 두 곳 모두에 그대로 전달했기 때문이다.

그래서 대부분의 권장 사항은 우리뿐 아니라 경쟁 상대도 자연스럽게 최종 계획안에 포함시켰고, 그리하여 두 제안서는 모두 거의 동일했다. 따라서 경쟁자보다 더 낫다고 할 수 있는 제안이 없는 상태에서 상담을 진행해야 했다.

이 시점에서 우리는, 제안서가 본질적으로 경쟁 상대의 것이 아닌 우리의 계획이었다고 강조할 수도 있었다. 하지만 회사 경영진이 우리의 의견을 존중하지 않고, 애초부터 경쟁 상대의 계획에 가깝다고 믿게 되면 역효과만 날 것 같았다. 또 경영진들이 단체보험에 대해서는 처음이라서, 우리를 컨설턴트나 정보원 정도로 활용할 계획이었다면 이보다 더 큰 낭패는 없을 것이다.

우리는 직접 대응하는 건 의뢰인의 반감만 살 것으로 판단했다.

물론 장점도 하나 있기는 했다. 우리가 단체보험에 다년간의 노하우를 갖고 있다는 점이었다. 마찬가지로 경쟁자에게도 아주 유리한 점이 있었다. 그 회사와 오랫동안 거래를 해온 긴밀한 관계였다는 점이다. 경쟁자는 그 회사에 대해 경험이 풍부했고 우리는 단체보험에 풍부한 경험이 있었다.

이 시점에서 우리에게 승산이 있다고 낙관적으로 볼 만한 근거는 없었다. 왜냐하면 지금까지 우리가 좋은 결과를 낼 수 있었던 이유는, 고객과 우정을 쌓고 친밀한 관계를 유지해 오는 방식이었기 때문이다. 그 전략이 지금 우리에게 불리하게 작용하려 하고 있었다.

그런데 아이러니하게도 경쟁자가 우리에게 유리한 쪽으로 몰고가고 있었다. 그들은 우리를 무너뜨리기 위해 온갖 훼방을 놓았고, 우리가 새로운 제안을 할 때마다 격렬하게 반대하고는 했다. 그럴 때마다 우리가 아닌 그들 자신을 더 궁지로 몰아넣고 있었다. 그럼에도 불구하고 승산은 자신들에게 있다고 자만하고 있었다.

드디어 최종 결과를 발표할 때가 되었다.

두 대리점은 모두, 그 회사에게 단체보험을 계약하려고 하는 보험회사의 이름까지 확실히 제시해 달라고 요구했다.

우리는 이미 30개 이상의 단체보험을 대리했고, 아직 알선한 적이 없는 보험회사 리스트도 함께 제출했다. 경쟁자를 이기기 위해 온갖 노력을 기울였는데, 각자가 제출한 보험회사 리스트는 이번에도 동일했다.

담합이 아니라면 어떻게 리스트가 일치할 수 있냐고 의문을 가질 수 있지만, 이는 완전히 우연의 일치였다.

우리가 고객들에게 항상 설명을 하지만, 특정 유형의 보험을 전문으로 하는 대리점처럼, 각 보험회사도 전문화된 특정 유형의 보험 상품만을 취급한다. 따라서 일단 단체보험 계획이 마련되고 이를 받아줄 보험사를 선정할 때, 각 대리점이 동일한 보험사를 선택하는 일은 당연히 있을 수 있는 일이다.

사실, 쌍방이 동일한 보험사를 대리하게 되었다는 사실은 우리에게 유리하게 작용할 수 있을 것 같았다. 쐐기를 박을 좋은 기회였다. 나는 이렇게 말을 꺼냈다.

"물론, 귀사가 오랫동안 거래해 온 대리점도 잘 알고 있는 것 같군요. 하지만 우리는 오로지 단체보험 하나만을 취급하고 있고, 모든 것은 실적과 경험이 말해 주고 있습니다."

그리고는 계약기간 중에 필연적으로 일어날 수 있는 여러 가지 어려움에 대해 자세히 설명하기 시작했다.

"우리는 이 보험회사의 직원들과 정책에 대해 아주 잘 알고 있습니다. 따라서 계약 이후에 일어나는 어떤 문제에도 우리는 충분히 잘 대처할 수 있습니다. 이 보험회사에 우리 쌍방의 실적을 조회해서 비교해 보는 건 어떨지요. 어느 쪽이 고객에게 도움이 될지 판단해 보시기 바랍니다."

그러자 경영진 중 한 사람이 이렇게 반론했다.

"그게 공정하게 판단하는 방법일까요?"

"우리는 고객님께 공정하게 하고 싶습니다. 고객님 또한 공정하게 판단하실 거라고 믿습니다. 고객님의 회사를 위해, 또 보험 적용을 받게 될 직원들에 대한 의무로써, 고객님을 위해 열심히 일하는 사람들에게 보험 혜택을 주는 것이라고 생각합니다. 이 보험회사에 대해 알아보시면 알겠지만, 단체보험뿐 아니라 다른 종류의 보험까지도 조회해서 참조해 주시길 부탁드립니다."

물론 우리의 전문 분야는 단체보험이기 때문에, 다른 종류의 실적은 변변치 않을 수 있다. 그렇지만 실적을 조회해 보면, 단체보험을 들고자 하는 고객에게 판단의 근거가 될 수 있을 거라고 생각해서 그렇게 말했다. 그리고 이렇게 덧붙였다.

"혹시 그쪽 대리점이 더 많은 실적을 올리고 있을지도 모릅니다. 우리는 상대방의 실적에 관해서는 조사할 수가 없습니다. 만약 저분들이 실적이 우리보다 좋다면 그분들과 계약을 하십시오. 아무튼 장래를 위해 단체보험은 경험과 실적이 매우 중요한 요소이기 때문에, 꼭 조사를 하신 후 최종 결정을 내려주시길 부탁드립니다."

결국 경영진은 보험회사에서 실적 기록을 입수했고, 우리 경쟁자는 이전에 한 번도 단체보험을 거래한 적이 없었다는 사실을 알게 되었다. 그리고 다른 보험회사에도 단체보험을 알선한 경험이 없다는 것도 알 수 있었다. 우리가 예상했던 대로 단체보험에 관한 우리의 실적은 타의 추종을 불허하는 것이었고 결과는 너무나 명백해졌다.

우리는 경쟁에서 이겼고 계약을 따냈다.

세일즈맨은 열린 마음으로 고객을 대해야 한다고 하는데, 우리는 고객의 마음까지 열어야 했다.

이 이야기는 경쟁을 존중하는 것의 가치, 다른 경쟁자의 결점을 들춰내는 것이 아닌 자신의 장점을 온전히 드러내고 알리는 것이 얼마나 중요한지 알게 한다. 또한 불리한 여건에도 거래를 성사시킬 가능성이 있다는 것, 상담의 기회를 얻었을 때 최대한 기회를 살려 거래를 성사시켜야 한다는 걸 깨닫게 한다.

이 이야기를 주의 깊게 읽어보면, 각각의 교훈을 발견할 수 있고, 얼마나 쉽게 자신의 일에 적용할 수 있을지 깨닫게 될 것이다.

혹자는 이 이야기가 우정 이론도 효과가 없다는 걸 보여준다고 주장할지 모른다. 물론 이 경우, 경쟁자는 그 회사와 여러 해 동안 긴밀히 거래를 해왔고, 분명 모든 면에서 유리한 위치에 있었다. 하지만 그들은 거래에 성공하지 못했다.

경쟁자는 우리를 비난하고 깎아내리는 데에 몰두한 나머지, 자신의 장점을 제대로 부각하지 못했고 자신의 장점도 살리지도 못했다. 그들의 장점인 우정을 최대한 살리지 못한 것이다. 반면 우리는 상호 비방전을 하지 않는 대신, 우리의 장점을 최대한 살리는 데 성공했고 최종 승리를 거머쥘 수 있었다.

◆ 자신의 주요 경쟁자는 누구인가요?

◆ 각 경쟁자의 강점과 약점은 무엇일까요?

◆ 각 경쟁자들에 대한 자신의 강점 및 경쟁우위는 무엇일까요?

◆ 자신의 강점 및 경쟁우위 요소를 어떻게 고객들에게 보여주면 효과적일까요?

세일즈맨은 고객의 구매 결정에 동기부여가 될 만한 자극을 주어야 한다.
강요당하는 느낌이 들면 고객은 지갑을 더 굳게 닫아버린다.

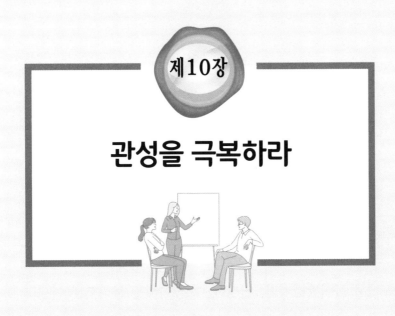

제10장

관성을 극복하라

세일즈맨이 잠재고객을 실제 고객으로 만들기 위해 가장 중요한 과제는 무엇인가?

구매 욕구가 없는 고객에게 구매욕을 불어넣고 실제로 구매로 이어지게 만드는 일일 것이다.

여기서 관성에 대해 잠시 이야기해 보려고 한다. 대부분 학교에서 들어봤겠지만, 관성에 대한 이해는 물리학뿐 아니라 영업에서도 중요하다. 이를 인간관계에 적용하면 타성이나 고정관념이 되는데, 우리 대부분은 별로 심각하게 문젯거리가 되지 않을 거라고 막연하게 생각한다.

타성은 나쁜 습관이자 일종의 병이다. 그리고 세일즈맨들에게 있어 타성은 질병보다 더 나쁜 적이다.

과학에서 정지해 있는 물체가 움직이기 위해서는 에너지가 필요하다. 특정 경로를 따라 이동하는 물체 또한 진로를 바꾸기 위해서는 에너지가 필요다. 즉, 정지해 있는 물체는 계속 정지해 있고, 움직이는 물체는 움직이는 방향으로 계속 나아가려는 경향이 있다. 이 경향을 물리학에서 관성이라 하고, 인간에 적용하면 타성이 되는데, 지금까지 해오던 방식을 그대로 고수하려는 경향을 말한다.

움직임이 없는 것을 움직이게 하려면 힘이 필요하다. 이 간단하고 자명한 법칙은 세일즈맨과 고객 간의 일상적인 관계에서도 항상 찾아볼 수 있다. 세일즈맨의 제안이 아무리 매력적일지라도, 자신의 방식대로 잘 살아온 사람은 즉석에서 결정을 잘 내리지 않는다. 이것은 인간의 지극히 기본적인 본성이다. 지금까지 해오던 행동을 새롭게 또는 완전히 다른 방향으로 바꾸기 위해서도 상당한 힘이 필요하다.

영업 과정에서 가장 큰 적은 경쟁이 아니라 타성이다. 경쟁은 중요하지만 경쟁으로 얻는 것보다 타성 때문에 잃는 것이 훨씬 더 많다. 그리고 영업 현장에서는 이것을 두 가지로 구분할 수 있다. 즉 세일즈맨 자신이 타성에 젖어 게으르거나, 고객이 타성에 젖어 움직이지 않는데, 세일즈맨이 이를 방관하는 상태가 그것이다.

나는 앞서 자신의 직업과 상품에 대한 열정으로 야망에 불타는 세일즈맨에 대해 이야기했다. 이 세일즈맨에게는 어떤 난관에도 굴하지 않는 용기가 있다. 세상을 너무 넓게 보지도 않고, 문제를 너무 어렵게 보지도 않고, 판매의 희망을 버리지도 않는다. 그에게 있어 고객은 너무 크지도 않고 너무 작지도 않을 뿐이다. 신념으로 하루를 시작하고 보람으로 하루를 마무리하는데, 무엇보다 어려움에 직면해도 두려워하지 않는다.

미네소타주 세인트폴에 본사를 둔 미네소타 광산회사의 부사장 조지 할핀은, 영업하면서 알게 된 사실이지만, 아침에 정상적으로 일을 시작해서 퇴근 시간까지 일한다면 한 달에 170번의 효과적인 방문이 가능하다고 말한다. 그리고 '효과적인 방문'이란 거래처 목록에 있는 고객들을 만난다는 것을 의미한다.

이런 자질을 가진 세일즈맨은 이상적일 뿐 아니라 타성이 작용할 여지가 없다. 물론 그의 신체 안에도 타성이 존재할 수 있다. 종일 적극적으로 고객을 만나고 가능성과 기회를 찾아 나서는 세일즈맨에게서는 어떤 무기력함도 찾아볼 수 없다. 이런 관성이라면 아무도 비난하지 않을 것이다.

그러나 고객 중에는 최선의 노력을 해도 고집이 세서 도무지 손을 쓸 수 없거나, 누군가 압력을 행사하지 않는 한 지금까지 해왔던 방식을 바꾸려 하지 않는 사람이 있다. 이런 고객은 특히 처음 거래를 트기가 가장 어렵다. 그러나 한번 판매가 성사되고 상품이나 서비스에 만족하면 재주문은 어렵지 않게 받아낼 수 있다. 그렇다고 해서 손을 놓고 있어서는 안 된다. 판매 후에도 서비스를 게을리하지 않고, 사려 깊게 소통하며 세심한 관리가 필요하다.

자, 이제 처음 거래이자 가장 결정적인 판매에 직면해 있다고 가정해 보자. 당신은 관성에 의해 움직이고 결정을 내리는 고집 센 고객과 대면하고 있다. 그리고 이런 종류의 고객은 거의 모든 판매 상담에서 만날 가능성이 있다. 구매에 앞서 결단을 내리지 못하고 망설이는 사람이다. 대화로 모든 과정을 거쳤음에도 행동으로 옮길 준비가 안 되어 있는 사람이다.

이런 고객은 설득만으로는 충분하지 않기 때문에, 그의 마음을 크게 흔들어 결단을 유도해야 한다. 처음 충격이 제대로 가해지면 비교적 쉽게 움직일 수 있다. 가만히 정지해 있는 자동차를 뒤에서 미는 경우와 같다. 멈춰 있는 자동차를 움직이게 하려면 온 힘을 다해 밀어야 한다. 그러나 일단 굴러가기 시작하면 관성이 생겨 처음에 밀던 힘보다 훨씬 작은 힘으로도 계속 움직이게 할 수 있다.

만약 고객을 자동차로 가정한다면, 마음을 움직이기 위해 처음에는 자극적이고 강력한 무언가가 필요하다는 걸 알 수 있다.

아무것도 안 하던 것에서 행동을, 행동의 부재에서 동작으로 바꿔야 한다. 그러면 판매 활동이 진행된다. 그때 비로소 움직이는 힘을 가진 것처럼 고객도 움직이기 시작한다.

그리고 상담 중에 대화가 단절되어 교착상태에 빠지곤 할 때가 있다. 이야기가 조금씩 빗나가기 시작하면서 김이 빠진 것처럼 정체되고 다시 본론으로 돌아오기 어렵다. 특히 계약이 거의 성사되려는 시점에 이런 상황이 일어나기 쉽다.

위대한 야구선수 행크 그린버그가 한때 디트로이트 타이거스의 CEO이자, 자동차 부품업계의 거물인 월터 브릭스와의 협상에서 막판에 교착상태에 빠진 적이 있었다.

행크는 전 시즌에 58개의 홈런을 쳐서, 이 부문 홈런 신기록을 갖고 있는 베이브 루스의 60홈런에 근접하게 되었다. 그는 베이브 루스와 함께 영원히 기억될 선수로 남을 터였다.

새로운 시즌이 다가오자 그는 가장 뜨거운 감자였다. 그래서 유명 구단과 새로운 시즌 계약을 위해 논의 중이었고 브릭스와 긴밀하게 대화를 이어가고 있었다.

이제 행크는 흥행의 가치를 놓고 협상해야 할 만큼 작은 선수가 아니었다. 문제는 연봉이었는데 여기서 협상이 암초에 걸린 것처럼 교착상태에 빠지게 되었다. 한동안 두 사람은 합의에 이르지 못할 것처럼 보였다. 두 사람의 견해차는 너무 컸고 어느 쪽도 타협할 의사를 보이지 않고 있었다.

이 시점에서, 브릭스는 교착상태를 유리하게 전환시켜 보려고 행크에게 나이를 물어보았다. 그러자 행크는 "26살입니다."라고 대답했다.

"스물여섯이라고?"

브릭스는 마치 자신의 귀를 의심하는 척하면서 말했다.

"이보게 젊은이. 내가 그 나이 때는 주급으로 20달러밖에 받지 않았다고……."

그러자 행크가 즉시 받아쳤다.

"네, 그렇겠지요. 그런데 회장님, 제가 회장님 나이가 됐을 때, 주급으로 20달러만이라도 받을 수 있다면 행복할 거라고 말하고 싶네요. 이것이 제가 지금 제 가치만큼 받고 싶어 하는 이유입니다."

행크의 말은 어떤 애드립 아티스트도 울고 갈 만큼 뛰어난 유머였고 재치가 번뜩였다. 그는 위기를 잘 활용했고 상대방의 주장을 자신에게 도움이 되는 쪽으로 바꾸었다. 더 중요한 것은 이 말로 특유의 관성에 종지부를 찍고, 교착상태를 끊어낼 돌파구를 마련했다는 점이다. 협상은 두 사람의 관성 때문에 해결의 실마리를 찾지 못하고 있었다. 그러나 그는 질질 끄는 대화를 마무리하기 위해 심리적, 언어적 충격요법을 활용한 것이다.

나는 항상 두 가지 가정부터 시작한다.

첫째, 어떤 행동을 일으키기 위해서는 행동을 시작하게 할 자극이 필요하다는 점이다.

두 번째는 사람은 강요당하는 느낌을 싫어한다는 점이다.

그래서 모든 사람은 자신이 주도권을 쥐고 대화를 이끌어가고 싶어 한다.

이 두 가지는 모든 영업에서 존재한다.

세일즈맨은 고객의 구매 결정에 동기부여가 될 만한 자극을 주어야 한다. 강요당하는 느낌이 들면 고객은 지갑을 더 굳게 닫아버린다. 협상에 나선 사람들은 교활하기 때문에 때로는 힘이 센 사람이 필요하기도 하다.

관성이라는 문제에서 지속적으로 승자의 위치에 있는 한 사람이 있다. 바로 제시 라스키가 그 주인공인데, 그 역시 영화사로부터 수많은 거절을 경험했다.

하지만 대본을 절대적으로 믿고 있었기에 결코 좌절하지 않고 결국은 계약을 성사시켰다.

예전부터 그는 대본에 자신감을 갖고 있었기에 자신의 대본을 사주는 고객은 반드시 성공할 거라고 확신하고 있었다. 그럼에도 불구하고 협상은 깨지기 일쑤였고 좀처럼 빗장은 열리지 않았다.

그는 협상을 정체시키고 앞으로 나아가지 못하게 하는 원인을 찾아 제거할 필요를 느꼈다.

"나는 항상 거절당한 후에 큰 성공을 거두었죠."

거절당한 후에 성공을 거두었다니, 왜일까?

그는 순간의 실패에도 용기를 잃지 않고 자신의 영업 능력을 더욱 갈고 닦는 계기로 여겼다.

독립 프로듀서로서, 그는 큰돈을 영화사에 투자했다. 하지만 혼자의 힘만으로는 영화제작에 필요한 막대한 자금을 조달할 수가 없었다. 영화 제작을 기꺼이 허락해 주는 촬영소도 좀처럼 찾을 수 없었다.

그의 제안은 가는 곳마다 매정하게 거절당했다. 유망한 대본을 손에 쥐고 있었지만 영화제작으로 이어지지 못하고 있었다. 그러나 협상과 거절이 거듭되는 난국임에도 자신의 상품에 대해 믿음을 잃지 않았다. 대본이 영화로 만들어지면 사람들의 관심을 끌고 흥행에 성공할 거라는 확신을 갖고 있었다.

그의 제안을 거절한 영화사 중에는 워너 브라더스도 있었다.

그는 최후의 수단으로, 워너 브라더스의 CEO 해리 워너를 만나러 목장으로 찾아갔다. 그리고 그 뜨거운 열의에 항복한 해리 워너는 수화기를 들어 동생 잭에게 계약서를 가져오라고 했다. 마침내 그 자리에서 최종 사인을 받아내고 만 것이다.

이렇게 해서 제시 라스키는 대본을 팔 수 있었다.

이 영화를 제작한 워너 브라더스는 엄청난 수입을 얻게 되었고, 주인공 게리 쿠퍼는 아카데미상을 수상하는 영광까지 거머쥐었다.

어떻게 하면 판매를 성공시킬 수 있을지 많은 이야기를 해왔다. 거래를 성사시키지 못하는 점에 대해서도 한마디 하고 싶다. 가장 큰 이유는 세일즈맨들의 과도한 자신감, 상품에 대한 지식 부족, 고객의 요구와 개성에 대한 오해, 지나친 설득이 주된 원인이다.

세일즈맨들은 이 지점에서 길을 잃고 헤맨다. 가장 주의할 것은, 어떤 때보다 고객이 승낙할 준비가 되어 있을 때 정작 판매가 성사되지 않을 가능성이 크다는 점이다. 이것은 가장 중요하고 논란의 여지가 없는 사실이다.

관성 때문에 세일즈맨들이 한계를 넘지 못하고 행동하지 않는 고객의 마음을 열지 못하는 것이다.

세일즈맨은 이전에 거래한 적이 없는 새로운 고객을 확보하기 위해서도 경쟁해야 한다. 이미 다른 세일즈맨의 고객이 된 사람을 두고 경쟁자를 이기기 위해 또 경쟁을 한다. 첫 거래를 한 고객은 붙잡아 두기 위해 노력해야 하고, 경쟁자는 당신과 거래하는 고객을 빼앗아 가려고 한다. 반대도 마찬가지다. 이는 공정하고 자연스러운 일이다. 기업의 건강한 발전을 위해서도 필요하다.

혹자는 각자가 자신만의 길을 가고, 있는 그대로 영역을 분할해서, 서로의 성공을 방해하지 않는 편이 더 신사적이라고 주장할지 모른다. 하지만 그것은 비현실적이다. 소비자들에게 재앙이 될 것이다.

세일즈맨은 최상의 서비스로 고객을 지켜야 하며 이를 확실히 보장해 주어야 한다. 그리고 무엇보다 세일즈맨은 어느 한 판매회사의 소유물이 아니라는 사실을 깨달아야 한다.

◆ 자신의 관성을 극복한 성공사례가 있다면 어떤 것인가요? 그 비결은 무엇인가요?

◆ 고객의 관성을 극복하고 계약에 성공한 사례가 있다면 어떤 것인가요? 그 비결은 무엇인가요?

◆ 관성이 강한 고객의 유형을 몇 가지로 분류한다면 어떤 유형들이 있을까요?

◆ 각 유형별로 어떻게 대처하면 효과적일까요?

◆ 그러한 대처를 위해 자신이 개발하면 좋을 전략, 정보 또는 기술이 있다면 어떤 것이 있을까요?

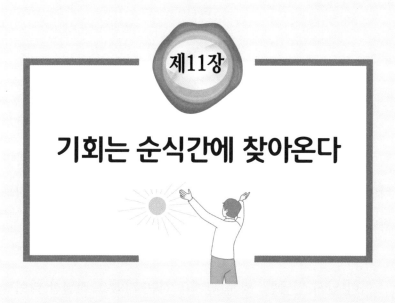

제11장

기회는 순식간에 찾아온다

　타자가 홈런을 날리기 위해서는 날아오는 공을 완벽한 타이밍에 쳐내야 한다. 이를 위해서는 타격력도 필요하지만, 정확한 타이밍에 볼을 때리지 않으면 홈런을 쳐낼 수 없다. 마찬가지로 판매에서도 적절한 타이밍이 필요하다.

　이미 앞서 언급한, 방문 판매를 하는 사람은 적절한 타이밍에 가격을 제시하지 않으면 판매를 성공시킬 수 없다. 어떤 설득도 적절한 타이밍에 이루어져야 효과를 발휘할 수 있다. 그건 바로 고객이 요구하는 순간이다. 세일즈맨은 그 타이밍을 선택하는 것이다. 즉 세일즈맨이 의도한 타이밍이지만 고객이 선택한 것처럼 느끼도록 해야 한다.

　특히 마무리 타이밍은 성공과 실패를 좌우하는 중요한 시점이다. 고객이 구매할 것인지 말 것인지 최종적으로 결정하는 것도 이 마무리에 달려 있다.

결정의 순간이 오면 때가 되었다는 흐름을 감지하는 것도 타이밍이다. 지금까지 얼마나 고객의 마음을 열 수 있도록 설명을 했는지, 고객이 세일즈맨을 만나기 전보다 상품에 대해 더 많이 알게 되었는지, 구매 여부와 상관없이 세일즈맨을 만나 유익한 점이 있었는지 마음속으로 생각하며 구매 의지를 확인하고 있을 것이다.

이 마무리란 반드시 계약서에 서명하고 결말을 짓는 것만을 말하지 않는다. 다른 특정 시간에 가장 바람직한 것을 하는 것까지 포함된다.

때로는 긴 안목으로 영업을 하고자 할 때 단기적이고 즉각적인 이익의 희생을 감수할 수도 있다. 하지만 자신에 대한 믿음과 상품에 대해 확신을 갖고 있다면 뿌려진 씨앗은 풍성한 수확을 보장해 줄 것이다. 이것은 의심의 여지가 없다.

적절한 타이밍을 유연하게 적용함에 있어, 버크셔 생명보험의 CEO 해리슨 앰버의 일화를 소개하려고 한다.

그는 35년 동안 보험 판매와 직원 교육에 전념해온 인물이다. 그는 교육을 위해 자신이 보험업계에 발을 들여놓은 지 얼마 되지 않는 신입사원 시절에 겪었던 일들을 빼놓지 않고 들려준다. 왜냐하면 교육생들이 반드시 알고 있어야 할 판매의 법칙이 잘 들어 있기 때문이다.

나는 아이오와 대학이 있는 아이오와시에서 생명보험 영업을 하고 있었다. 영업을 시작해 세 번째 계약을 한 것은 대학 화학과 교수였다.

나는 월요일 이른 아침에 그를 찾아갔다.

조교가 연구실로 안내했을 때 교수는 옆에 딸린 작은 실험실에서 강의를 하고 있었다. 양해를 구하고 잠깐 나를 만나러 나온 교수는 호의적인 태도로 대해 주었고 보험에 관한 이야기를 듣고 싶어 했다.

학생 못지않게 젊었던 나는 회사에서 배운 대로 상품에 대해 설명했다.

10여 분에 걸쳐 암기하고 있던 설명을 마치자, 교수는 의자에서 일어나 실험실에 있는 학생들을 둘러보러 방을 나갔다. 그리고는 다시 돌아와 의자에 앉더니 아무 말도 하지 않는 것이었다.

나는 대학 시절 심리학 과목을 수강했었는데, 대부분 사람은 완전히 같은 내용이더라도 일곱 번은 들어야 이해한다고 배운 것이 생각났다. 나는 설명을 세 번이나 되풀이했다.

그는 세 번째로 일어나 방을 나서더니, 실험실을 둘러보고 돌아와 의자에 앉은 뒤 역시 아무 말도 하지 않았다.

이 무렵 나는 피곤해졌고 이렇게 간단한 이야기를 7번이나 할 필요가 있을까 하고 생각했다.

두 사람은 몇 분 동안을 조용하게 앉아 있었다. 마침내 교수가 물었다.

"내가 어떻게 하길 바라나?"

그러자 나는 가방에서 신청서를 꺼내며 말했다.

"여기에 서명하시면 됩니다."

"이것이 생명보험 신청서라는 것인가?"

"네, 그렇습니다."

교수는 보험금과 보험료에 대해 묻더니, 그 외는 아무 말도 하지 않고 펜을 집어 들고 신청서에 서명을 했다.

그리고 나서야 비로소 건강진단 문제로 자연스럽게 이야기가 이어졌다.

"다음 주 토요일에 진찰을 받을 수 있나요?"

그날은 월요일 아침이었다.

"오늘 바로 진찰을 받을 수는 없을까?"

교수가 물었다.

"하지만 수업 중인데 외출해도 괜찮으신가요?"

"보험료를 납부하려면 계속 강의를 해야겠지. 그리고 이 보험 계약을 해서 진찰을 받아야 한다면, 왜 지금은 안 되는 건데?"

나는 곧장 전화를 걸었고 그날 진찰을 받을 수 있도록 조치

했다.

나는 진찰이 끝날 때까지 의사의 방에서 기다리고 있었다. 의사가 진찰을 마치고 나와서, 신청서와 진단서를 건네주며 교수의 몸에는 이상이 없다고 말하면서, 교수에게 회사가 인정하는 최고액까지 계약이 가능하다고 말해 줬다.

두 사람은 다시 교수의 연구실로 돌아왔다. 교수는 언제 보험료를 내야 하는지 물었다.

"보험증서를 드린 다음에……."라고 말하자 교수가 항의하듯 말을 했다.

"왜 지금 돈을 지불하고 끝내지 못하는 거지?"

"네, 좋습니다."

나는 교수에게 분기별로 납부하는 방식의 보험료 액수를 제시했다.

"하지만 나는 항상 1년 치 보험료를 내고 있는데, 연간 보험료를 받아가지 그래?"

나는 당연히 가능하다고 말하고 거래는 그 자리에서 말끔히 완료되었다.

그로부터 몇 년이 지난 어느 날, 나 대신에 그 지역을 담당하게 된 후배 사원으로부터 권유를 받아 추가 계약을 했다고 한다.

교수는 후배 사원에게 이렇게 말했다고 한다.

'내가 당신에게 이 보험 계약을 하는 유일한 이유는 앰버라는

그 친구 때문입니다.'

그러면서 교수는 '그 사람만큼 계약하자고 강요하지 않는 사람은 한 번도 본 적이 없어요. 사실, 그래서 나는 더 완고해져서 요구를 안 하는 이유를 알고 싶어졌죠. 나를 그렇게 돌변하게 만들 만큼 그는 똑똑했어요. 그가 무슨 설명을 하고 있는지 이해는 했지만, 결국은 내가 내 보험을 팔게 됐지 뭐요.' 하고 밝게 웃었다고 한다.

이 이야기는 보편적으로 적용할 수 없겠지만 타이밍 기술을 잘 보여준다. 앰버는 상담이 마무리되어 간다고 생각했을 때, 고객이 스스로 이야기를 마무리 지을 수 있도록 고의적 지연을 선택했던 것이다.

판매 기술에는 기본적인 원칙이 있다. 그리고 이 원칙은 어느 판매 활동에나 해당된다. 팔 의욕이 없어 보이는 세일즈맨에게 오히려 구매욕을 느낀다는 것이다.

이 기술이 위에 설명한 사례에서 매우 두드러지게 나타난다.

이 기술은 판매의 성공과 관련이 매우 깊다. 성공적인 세일즈맨이라면 누구나 이 원칙을 더욱 잘 활용할 수 있어야 한다.

또 다양한 사람이 존재하고 관성과 자극을 무시할 수 없는 만큼 이 원칙을 유연하게 활용할 필요도 있다. 어떤 사람은 가장 직접적이고 적극적인 방법으로 설득해야 하는 반면, 또 어떤 다른 사람은 앰버와 같은 방법으로도 놀라운 성과를 낼 수 있다.

타이밍이란 적절한 순간을 포착하는 일이다. 동시에 서로에게 득이 되는 순간에 망설임 없이 올바른 답을 내놓는 신속한 사고가 필요한 일이다.

매트슨 해운회사의 부사장 휴 갤러거가 들려준 이야기를 해보려고 한다.

"우리 배는 하와이뿐만 아니라 타히티, 사모아, 피지와 같은 로맨틱한 곳까지 항해를 한다.

나는 얼마 전 과거를 회상하며 태평양 증기선 회사와 미국의 아시아 라인 뉴욕 대리점을 인수했었다. 그런데 미국 항만청으로부터 미국 정부의 선박을 취급하는 모든 미국 경영자들에게, 가능하면 여러 나라에 자리 잡은 외국 지사들을 통해 거래하기보다, 미국 대리점을 이용해야 한다는 예상치 못한 통보를 받았다.

통보를 받던 날 나는 볼일이 있어 뉴욕에 들렀는데, 곧장 사무실로 되돌아왔다. 그리고 즉시 중국, 일본, 필리핀에 있는 우리 지사의 규모와 인력, 시설에 대한 서류 작성에 들어갔다. 자료가 될 만한 것들이 많지 않았기 때문에, 각 지사의 책임자와 직원들이 찍힌 단체 사진을 넣어 책자 형태로 만들었다.

당시 바버 해운은 극동에 진출해 있는 가장 큰 회사였다. 그래서 나는 바버 해운에 우리 자료를 보내 특약을 맺을 수 있다면 충분히 만족할 수 있을 거라며, 극동 대리점 지정 신청서를 작성했다. 밤새워 꼬박 작성한 신청서를 들고 다음 날 아침 일찍 바버 해운을 찾아갔다. 내가 첫 번째로 대리점 지원서를 낸 것이다.

다른 많은 회사도 나중에 지원서를 접수했고 대리점 지정을 받으려고 최선을 다했다."

이야기는 여기서 끝날 수 있었다. 비즈니스의 관점에서 보면 휴 갤러거가 가장 먼저 신청서를 제출했고 또 결정적인 순간에 도착했기 때문이다. 그는 자기 일에 관심을 두고 있었고 일이 벌어졌을 때, 잠시도 지체하지 않고 행동했다.

"내가 작성한 신청서는 바버 해운에서 상세하게 검토가 이루어졌고, 몇 주 동안 바버 해운의 경영진들과 만나 내 아이디어를 계속 홍보했다. 그리고 며칠이 지난 어느 날 오후, 막 외출을 하려던 참이었다. 그때 바버 해운의 부사장으로부터 전화가 걸려와 급히 만나자는 것이었다.

나는 거의 끝까지 왔음을 직감했다.

그는 나를 만나 대리점 운영과 관련된 제반 사항을 자세하게 물었다. 운 좋게도 극동에서 3년 동안 근무한 경험이 있어서 모든 질문에 대답할 수 있었다. 이렇게 몇 시간 동안 논의가 이루어졌고 부사장은 우리 회사를 극동 지역을 담당하는 총판 대리점으로 결정했다."

총판 대리점으로 지정되어 기쁨은 이루 말할 수 없이 컸다. 더구나 이 상담의 성공으로 막대한 이익까지 얻을 수 있었다. 자신의 비즈니스에 정통했기 때문에 기회를 잡을 수 있었고, 누구보다 기민하고 추진력 있게 움직여 성공을 거머쥔 것이다.

◆ 잠재고객의 유형이나 상황에 따라 설득의 방식과 적절한 타이밍은 달라질 수 있습니다. 잠재고객의 유형과 상황을 분석한다면 몇 가지 유형과 상황이 있을 수 있을까요?

◆ 각 유형 및 상황에 따른 효과적인 설득 방식과 타이밍은 어떻게 될까요?

◆ 보다 효과적인 설득 방식과 타이밍을 위해 스스로 개발해야 할 지식, 기술 및 태도는 무엇일까요?

◆ 당장 무엇부터 하면 좋을까요?

거절로 인한 충격은 젊은 사람들에게는 너무나 큰 것이어서,
이 말을 듣게 되면 자신을 돌아보고 약점이나 결점을 극복한 뒤,
전보다 더 유능한 사람으로 변모하는 모습을 볼 수 있다.

제12장

거절은 귀에 담지 마라

세상에 완전무결한 인간은 없다.

우리는 어딘가 약점이 있고 단점이 있다. 예를 들어 나는 가끔 귀가 먹어 고통을 받는다. 아니면 축복이라고 해야 할까. 정확히 말하자면 심리학자들이 말하는 심인성 부분 귀머거리라고 부르는 증상을 앓고 있다.

우스운 이야기로 들릴지 모르지만 내 귀는 '노'라는 단어를 잘 듣지 못한다. 또한 '됐습니다.'라든가 '많이 있거든요.'라는 말도 들리지 않는다.

처음 세 번의 부정적인 말은 들리지 않아 전부 귓등으로 흘려버린다. 오히려 전혀 말을 하지 않은 것보다도 더 나를 자극하지 못한다.

네 번째 '노'라고 했을 때 귀에 약간의 진동을 느끼기 시작한다. 이것은 나에게 일종의 메시지를 전달한다. 즉 "말씀하시는 것에 관심이 있는지 잘 모르겠지만, 당신의 설명을 좀 더 들어보고 싶군요."라고 들린다. 이것이 바로 '노'가 나에게 의미하는 메시지이다. 그리고 이때 비로소 내가 진정한 세일즈맨이라는 확신을 하게 된다.

NBC 방송국의 초보자 노래자랑의 프로듀서 테드 맥은 이렇게 말한다.

"거절로 인한 충격은 젊은 사람들에게는 너무나 큰 것이어서, 이 말을 듣게 되면 자신을 돌아보고 약점이나 결점을 극복한 뒤, 전보다 더 유능한 사람으로 변모하는 모습을 볼 수 있다. '노'라는 말을 들었을 때 대부분 사람은 오랫동안 낙담할 수도 있지만, 의지가 강한 사람들은 오히려 자극을 받아 더 강해진다."

아메리카 연구소 소장인 레오 체른 또한 어떤 사람으로부터 '노'라고 거절당한 뒤로 인생의 행로를 바꾼 사람이다.

그 사람의 거절을 되돌리기 위해, 나는 실제의 내 모습보다 훨씬 덜 똑똑하고 무능한 사람인 것처럼 보여야 했다. 이상하게 꼬인 일은 17년 전 어느 날에 일어났다. 2년간의 변호사 생활을 한 후, 나는 비장의 결정을 하기에 이르렀다. 정부의 뉴딜 정책이 시행되면서 거대한 경제적, 정치적 혁명의 전야에 놓여 있음을 예감한 것이다.

모든 정책이 워싱턴의 입법부에 의해 결정되고 있을 때, 더는 뉴욕의 법원이나 들락거리며 개별 사건들을 처리하고 있을 수만은 없다고 생각했다.

스물세 살의 질풍노도의 시기에나 느낄 수 있는 확신도 가지고 있었다. 법률이나 정치 경제를 분석하는 새로운 일을 시작하기로 마음먹고 변호사 활동을 접기로 한 것이다.

법률 저널에 실린 광고가 정확히 나에게 그런 기회가 주어질 것임을 암시하고 있었다.

나는 다른 40명과 함께 지원해 필기시험을 치르며 경쟁에 참여했다. 시험은 당시 막 시행에 들어간 주 실업보험법 중의 하나를 분석하라는 과제였다. 하지만 시험을 치르고 난 1주일 후에 불합격이라는 통지를 받았다. 나는 떨어진 이유가 궁금해 회사에 전화를 걸어 책임자와 면담을 요구했고 면담 약속을 받아낼 수 있었다.

책임자는 사회보장법을 기업들에게 소개할 책자를 만들기 위해 고용된 변호사였다. 변호사의 말에 의하면 내가 제출한 과제가 전체에서 가장 우수했다고 한다. 하지만 문제는 여기서부터 시작되었다.

그는 나에게 "당신의 해석 방법은 너무도 야심차다."라고 말하며 "당신은 너무 똑똑해서 나보다 법을 더 잘 알고 있고, 나보다 글쓰기를 훨씬 잘한다."고 털어놓는 것이다.

그리고는 "하지만 내가 현재 원하는 사람은 단순한 조수로, 내가 시키는 대로 일을 해주고 주급 35달러에 만족할 만한 사람이다. 머리가 좋은 법률가가 아니라 현재 내가 의뢰를 받아 집필 중인 책의 내용과 관련된 글을 써줄 사람이 필요할 뿐이다."라고 말하는 것이다.

그의 말이 옳았다. 그가 쓰려고 하는 책은 내가 쓰고 싶어 하는 종류의 글이 아니었다. 그의 목적은 단지 한 권의 법률 해설서를 만들려는 것에 지나지 않았다. 하지만 나는 완전히 새로운 환경에 직면한 기업들이 필요로 하는 새로운 종류의 글을 쓸 기회라고 생각하고 있었다.

나는 그의 계획이 어떤 결과를 가져올지 아직 예측하지 못하고 있다고 생각했다. 그런 일이라면 두말할 나위 없이 나에게 가장 적합한 일이었다.

그래서 나는 약 45분 동안 내 인생에서 가장 어려운 프리젠테이션을 했다. 내가 가진 모든 지성을 동원해 미래의 상사가 내 능력을 너무 과도하게 보고 있음을 보여주려고 노력했다.

그가 보는 것만큼 나는 똑똑하지 않으며 내가 얼마나 유연한 사고의 소유자인지 끊임없이 주장했다. 매우 순종적이고 겸손한 성격을 가지고 있다는 점도 어필했다. 그리고 마침내 나라는 상품을 팔 수 있었다.

3개월 후 책은 출판되었다.

이 책을 위해 나를 고용한 변호사는 다시 변호사 업무로 돌아갔다. 하지만 그 변호사를 고용했던 이사는 내가 생각하는 것과 같은 비전을 가지고 있었다.

우리는 그 책의 출판을 계기로 아메리카 연구소를 설립했다.

그때 이사였던 칼 호버드는 소장으로 근무하며 17년 동안 연구소를 이끌었다. 그 17년 동안 나는 연구소 편집장으로 근무하며 새로운 법률과 적용에 관한 해설서와 수많은 논문을 쓸 수 있었다. 그 사람에게 '노'라고 들었을 때, 비로소 나의 새로운 커리어가 시작된 것이다.

고객의 '노'는 하나의 신호다. 취급하는 상품의 장점을 더 알려주고 더 많은 설명이 필요하다는 신호이다. 세일즈맨은 상품의 장점이나 기능을 과장하거나 부풀려서는 안 된다. 고객에게 주의를 집중하고 초점을 맞춰야 한다.

'노'라거나 '같은 물건이 있는데요?'는 말은 당신의 그릇된 설명에 과장되게 표현한 것일 뿐이다. 이는 존재하지 않는 장점을 늘어놓거나 상품에 대한 설명이 부족함을 의미할 수 있다. 그러나 존재하는 장점이나 혜택, 즉 유리한 점에 대해 반복적이고 설득력 있는 설명은 정직하고 필요한 판매 전략이다.

최종적으로 '노'가 주어졌고 고객이 번복할 것 같지 않은데도 판매에 에너지를 쏟는 것은 시간 낭비일 뿐이다. 상품의 장점이나 좋은 기능을 충분히 설명하고, 고객도 충분히 파악했음에도 구매 의사가 없을 때는 미련 없이 물러나야 할 때도 있다. 이는 어디까지나 일시적인 일이지만 깔끔하게 물러나야 할 시간인 것이다.

하지만 내가 감히 '영업은 거절당했을 때 시작된다.'고 말하는 이유는 여기에 있다.

첫 번째 거절보다는 두 번째, 두 번째보다는 세 번째 거절에 더 많은 설명을 듣고 싶다는 고객의 마음이 담겨 있을 수 있다. 그래서 나에게 있어 '노'를 '예스'로 이끌어낸다는 것은, 고객이 마음을 바꾸도록 설득하는 것을 의미하지 않는다. 단지 고객이 마음을 정하도록 돕는 것을 의미한다.

사실 나는 많은 경우에 구매자이기도 하다. 그래서 판매자 쪽만큼이나 고객의 편에 서 있기도 하다. 그리하여 세일즈맨이 나에게 물건을 팔려고 난폭하게 굴거나 강압적인 주장을 펼치는 것이 얼마나 불편한지 잘 알고 있다. 그런 사람의 상품은 의심하게 되고 상품에 이상이 없는지 의구심이 생긴다. 나를 설득하고 나에게 물건을 팔기 위해 왜 그런 슈퍼 세일즈맨이 필요한

가? 왜 그 상품은 스스로 팔리지 않는 것일까? 세일즈맨들은 의문을 가져야 한다. 너무 많은 말, 말, 말들…… 때문이다.

트루먼 전 대통령의 비서관이었던 게일 설리반은 한 인터뷰에서 이렇게 말했다.

"어떻게 말이 판매를 좌우할 수 있는가? 우리가 말을 너무 많이 하거나, 너무 적은 것을 알 수 있다면 얼마나 좋을까.

말은 너무 많이 해도 안 되지만 너무 적어도 곤란하다.

사람들은 상품보다 말을 산다. 적절하지 못한 시점에 잘못된 말은 거래를 깨뜨린다. 큰 말을 작은 말로 바꿔 쓰는 요령이 필요하다. 판매는 당신이 말하는 것을 알고 이해할 때 이루어진다."

대부분 사람은 거창한 말로 설득하려는 세일즈맨들에게 상품을 구매하지 않는다. 이들에게 링컨의 게티즈버그 연설을 읽어보라고 권하고 싶다. 아마도 모두가 이해하기 쉽고 간결한 언어로 아름답게 말하게 될 것이다.

판매에 관해 현장 세일즈맨의 교훈을 너무 강조한 나머지 거부감을 느끼는 사람도 있을지 모른다. 세일즈맨이 과장되게 말하고 너무 끈질기게 권유하면 고객은 더 외면하게 된다.

30여 년간 수많은 책을 써서 독자들을 기쁘게 한 콘라드 베르코비치에게 의견을 물어본 적이 있었다.

어느 날이었다. 모처럼 콘라드가 어느 미술 전시회장에 들어 갔는데, 마음에 쏙 드는 그림이 눈에 들어와 젊은 여성에게 가격을 물어보았다. 그녀는 매니저가 출품하려고 방금 전시장에 그림을 걸어두었기 때문에 가격이 얼마인지 아직 알 수 없다는 것이었다. 그리고는 내일 다시 와서 매니저와 직접 상담을 해보라고 했다. 그림을 꼭 팔아야겠다고 생각하는 것처럼 보이지는 않았다. 오히려 그런 태도가 베르코비치의 구매욕에 불을 붙였다.

"그날 밤, 그 그림이 눈에 아른거려 거의 잠을 이룰 수가 없었다. 내가 원하는 예술 작품을 찾아냈다는 흥분이 좀처럼 가라앉질 않았다. 비록 잘 알려지지 않은 화가였지만 장래에 유명한 예술가로 인정받을 것이라고 확신했다. 난 그 그림을 구매해 집 어디에 걸어 놓을지를 상상했다. 그랬더니 매니저를 만나기 전에 다른 사람에게 팔릴까 봐 몹시 걱정이 들었다."

다음 날 아침 일찍 콘라드는 갤러리로 출발했다. 하지만 너무 안달하는 모습을 보이고 싶지는 않았다. 그래서 일부러 멀리 돌아서 갤러리에 도착했다.
그림은 여전히 그 장소에 걸려 있었고 이를 본 그는 가슴을 쓸어내렸다.

아가씨가 매니저를 부르러 가는 동안, 콘라드는 꼼짝 않고 한참을 그림만 지켜보고 있었다. 짧은 시간이었지만 가까이 혹은 멀리서 그림을 뚫어지게 바라보고 있는데 매니저가 다가왔다.

그가 그림에 홀딱 반한 건 사실이지만, 잠시 후에 일어난 대홍수에 대응할 대비는 전혀 되어 있지 않았다.

문자 그대로, 매니저는 마구 덤벼들었고 작품에 대해 온갖 칭찬과 자랑을 늘어놓았다. 그는 두 손을 삭삭 비비면서 말을 줄줄 쏟아냈다.

"아, 이 훌륭한 예술품을 사려고 하신 손님이시군요. 정말로 대단한 안목에 감탄하지 않을 수 없군요. 이 그림은 벽에 걸려 있는 그림 중 가장 훌륭한 작품 중 하나입니다. 저는 르누아르, 모리소트, 마네츠, 그리고 프랑스의 현대 화랑에서 가장 훌륭한 작품들만 수집해 왔습니다."

매니저는 설명을 이어나가며, 이 그림은 역사에 길이 남을 뛰어난 작품이라고 입이 마르도록 칭찬했다. 또한 세기의 걸작임이 틀림없고, 화가의 이름은 언젠가 렘브란트나 라파엘의 이름과 함께 예술사에 다시 쓰일 것이라고도 했다.

하지만 이상하게도 매니저의 말을 듣고 있으면 있을수록 점점 의심의 마음이 싹트기 시작했다.

그는 단지 그림의 가격을 알고 싶었을 뿐이다. 그림은 이미 사기로 했기 때문에 살 수 있는 가격인지 어떤지 그것이 문제였다. 그런데 30여 분 동안 불필요한 말들을 듣고 있느라 짜증을 참고 있어야 했다. 그러는 동안 이 그림이 그토록 뛰어난 예술 작품이라면 왜 이렇게 과장되고 집요한 설명이 필요할까 하는 의문을 갖게 되었다.

걸작이라고 판단한 것은 너무 성급했고 생각을 바꿔야 하는 건 아닐까. 의문이 꼬리에 꼬리를 물었고 그는 잠시 생각에 잠겼다.

여러 해가 지나도 이 일을 뚜렷하게 기억하고 있던 그가 계속 말을 이어갔다.

"나는 그림을 다시 살펴보기 시작했다. 좋은 그림이긴 했지만 매니저가 언급했던 예술가들의 작품만큼 걸작은 아니었다. 몹시 호들갑을 떨며 터무니없는 칭찬을 하는 바람에 그림에 대한 관심은 오히려 줄어들었다. 그리고는 그 그림에 흠이 있다는 사실을 알게 되었다.

매니저는 계속 그 그림을 최고의 작품들과 비교했지만, 최대한 빨리 팔아치우기 위해, 나를 궁지에 몰아넣으려 하고 있었다.

매니저가 무언가 나를 속이려 한다는 의구심은 더 커졌고, 나는 내 판단에 자신감을 잃어버렸다. 그리고 마음속으로 생각했다. 내가 처음에 생각했던 것만큼 뛰어난 걸작이라면 내가 발견하기 전에 이미 누군가가 사 갔을 것이다.

매니저는 다른 사람들을 상대로도 나에게 했던 것과 똑같은 종류의 상담을 했을 것이다. 그건 의심의 여지가 없다. 그렇다면 다른 사람들은 왜 이 그림을 사 가지 않았을까?

나는 단지 내가 좋아하는 그림을 사기 위해서 왔을 뿐이지, 매니저가 비교하는 예술가들에 비견될 만큼의 뛰어난 작품을 원한 것은 아니었다. 난 속으로 '노'라고 말하고 속지 않을 거라고 마음먹었다.

그가 가격을 제시했을 때, 나는 더는 상담을 진행하지 않기로 했다. 나는 한 번 더 곰곰이 생각해 보고 싶다고 말하고 갤러리를 나와 버렸다."

이것으로 이야기가 완전히 끝난 것이 아니다.

"그 후로 몇 년이 지난 어느 날, 우연히 방문했던 지인의 집에서 내가 구매할 뻔했던 그림을 발견한 것이다. 얼마나 소스라치게 놀랐는지……. 순간 당시의 일들이 순식간에 떠올라 눈을 크게 뜨고 그림을 바라보았다. 그러자 이 그림에 처음 가졌던 당시의 애틋한 마음이 다시 꿈틀대기 시작했다.

확실히 내가 처음 생각했던 것처럼 아름답고 좋은 그림이었다. 그림을 그린 화가는 당시, 대가로 인정받고 있지 않았지만 이미 상당한 평가를 받고 있었다. 내가 원했던 작품이고 어떤 예술 작품보다 훌륭한 작품인 것이 틀림없었다.

혹시 그 바보 같은 매니저가 너무 많은 장광설로 나를 압도하려 하지만 않았다면 그 그림은 내 벽에 걸려 있었을 것이다."

이 사례는 그림을 팔아치우겠다는 매니저의 과도한 열망, 당장 판매를 끝내려고 하는 조급함이 고객의 마음을 닫게 만들어 버린 경우이다.

사실 이 경우는 고객이 이미 '예스'를 말하고 시작된 '판매'였다. 그럼에도 마지막에 판매가 이루어지지 않고 끝이 났다.

이런 유형의 영업은 지나치게 열성적이고 훈련이 부족한 사람들이 저지르기 쉬운 실수이다. 이런 식의 영업은 고객을 의심하게 만들 뿐이다. 하지만 갤러리의 매니저는 영업의 본질을 이해하지 못하고 구체적인 상황에 맞는 방법을 찾지 못한 것이다.

간접 판매 기술의 핵심은 고객에게 상품의 필요성을 느끼게 하되, 이를 세일즈맨이 가공해 낸 것이 아님을 느끼게 하는 데에 있다. 이를 위해서는 장황한 설득이 없어도 고객이 상품을 믿을 수 있어야 하고, 믿음을 실행할 자신감을 가져야만 구매 행동으로 이어진다.

판매는 세일즈맨이 고객에게 어떤 아이디어를 소개하는 것이지만, 고객은 이 아이디어가 자신의 것이라고 믿을 수 있어야 한다.

콘라드 베르코비치의 일화는 '넘치는 것은 모자란 것만 못하다.'는 과도한 설득에 대한 경고일 뿐만 아니라, 위의 원칙을 살리지 못해 어떻게 판매를 그르치는지 잘 보여준다.

매니저에게 있어 콘라드는 잘 만들어진 요리나 마찬가지로 아주 쉬운 고객이었다. 상품의 필요성에 대해, 하루 후에 다시 찾아온 고객에게 그토록 과도하게 설명할 필요가 없었다. 모든 결정은 콘라드가 할 것이기 때문에 그에게 맡겼어야 했다. 매니저가 자신의 의견을 내놓는 대신, 콘라드에게 작품을 칭찬하도록 했더라면 그림은 팔렸을 것이다.

하지만 콘라드가 이 그림에 푹 빠져 있다는 것을 매니저가 알 수 있는 방법이 없지 않느냐고 반문할지 모른다.

그러나 이는 조금만 생각해 봐도 알 수 있는 일이다.

콘라드는 먼저 가격에 대해 물어보았다. 그리고 다음 날 다시 방문했다. 다시 방문해서는 즉시 그림 이야기를 꺼낸 것 등을 떠올려보면, 그는 그림에 관심을 가지고 있음을 분명히 표현했다.

첫 번째 대답이 '노'였거나 또는 첫 세 번의 '노'로 시작하는 고객이라면, 다른 보통 고객들과는 판매하는 방법을 조금 다르게 해서 접근해야 한다.

어떤 판매의 기술을 적용해도 판매가 불가능한 고객이 있고, 경쟁 상대에게 고객을 빼앗겨버릴 수도 있다. 무슨 방법을 써도 판매가 이루어지지 않는 영업이 있을 수 있는 것이다.

나는 다른 세일즈맨이 내 고객에게 군침을 흘리며 접근해 가로채 가는 것을 결코 싫어하지 않는다. 그러면 나는 잃어버린 그 판매에 생각해 볼 시간을 갖는다. 나는 왜 내 고객에게 팔 수 없었을까. 그 이유를 확실히 알고 싶고, 다음 주나 내년, 혹은 5년 뒤에는 팔 수 있을지 예측하고 싶어진다.

내가 지금까지 판매에 성공하지 못한 건수를 따져본다면, 성공한 건수보다 훨씬 더 많을 것이다. 물론 그것은 비정상이 아니다. 하지만 나의 타율은 비교적 높다. 타율이 높지 않다면 판매에 관해 조언할 자격도 없었을 것이다. 그리고 처음에 거절을 당한 경우가 판매를 한 경우보다 압도적으로 많다. 그런데도 이들에게 내가 다시 판매를 성사시킬 수 있었던 가장 큰 이유는 뭘까?

최종적인 거절, 즉 마음을 되돌리기 불가능해 보이는 거절을 당했다 하더라도, 나는 그것이 특정 상황이나 특정 장소에 해당하는 일이라고 생각한다. 어쩌면 다른 고객은 '네.'라고 대답할 수 있을지 모르고, 상황이나 장소가 바뀌면 결과는 달라질 수 있다.

결과 때문에 낙담할 것이 아니라 성공하지 못한 자신의 노력으로부터 교훈을 얻어야 한다. 그리고 그것은 자신에게 달려 있다.

'낙담'. 이것은 세일즈맨의 사전에는 없는 단어이다. 하나의 거절은 다음 고객을 향한 판매의 시작이 될 수 있기 때문이다.

실제로 자신의 사전에서 '낙담'이란 단어를 지워버린 뛰어난 한 세일즈맨이 있다.

미국 최대 직물회사 중의 하나인 JP 스티븐스사의 부사장인 앤드류 소콜의 이야기는 사실상의 첫 번째 '노'에 의해 큰 성공을 거둔 명백한 좌절의 이야기다.

"내가 19살 무렵 주문을 받기 위해 첫 출장을 갔을 때 이야기다.

우리 라인은 신사복 속지와 작업복에 쓰이는 옷감을 생산하고 있었다.

출장 이틀째에 버지니아주의 로아노크에 도착할 수 있었다. 로아노크에서 몇 마일 떨어져 있어 열차를 타고 가야 하는 작은 마을 베아 세일럼에 바지 제조업체가 있었다.

나는 노파심에 로아노크에서 확인 차 전화를 걸었다. 전화를 받은 대표는 친절하게 대답해 주었지만, 말의 요지는 지금은 자재가 충분하니 어떤 상품도 주문할 게 없고, 그곳까지 오느라 시간 낭비하지 말고 돌아가 달라는 것이었다.

먼 곳에서 근처까지 온 나는 할 말이 안 나올 만큼 당혹스러웠다. 하지만 나는 지금까지 한 번도 만나볼 기회가 없었으니, 단지 인사만 하겠다고 부탁하고, 상품에 대해 설명할 기회를 준다면 그것으로 만족하겠다고 이야기했다. 그러자 대표는 그렇다면 오지 말라고 할 수는 없으니, 찾아오면 당연히 이야기를 들어볼 것이라고 대답했다.

말할 필요도 없이, 나는 곧장 열차를 타고 세일럼으로 향했다.

막상 만나보니 대표는 매우 사려 깊고 친절해 보이는 노신사였다.

나는 방문을 허락해 준 그에게 예를 표시하고, 참고할 만한 제품에 대해 아주 간략하게 설명을 했다. 그리고는 상품 중에서도 특히 가치가 있다고 생각한 특별제품에 대해서만 좀 더 상세하게 설명했다.

우리는 한 시간 내내 아주 화기애애한 분위기에서 대화를 나누었다. 설명을 끝내고 견본을 포장하면서, 우리 상품 설명을 들어줘서 고맙다는 감사를 표시하고, 다음에 이쪽 방면으로 출장을 오게 되면 반드시 찾아뵙겠다고 말하고 일어서려고 했다.

그러자 대표는 좀 전에 설명한 특별제품에 대해 몇 가지 질문을 던지더니, '우선 시범적으로 그 특별제품을 조금만 사용해 보죠.'라고 말하는 것이다. 시범적으로 사용해 본다던 수량은 깜짝 놀랄 만큼 엄청난 양이었다."

세일즈맨은 언제, 어떤 고객으로부터도 '노'라는 말을 들을 각오를 해두어야 한다. 이 말은 나에게 있어 더 자세한 설명을 듣고 싶다는 일종의 초대장이다. 이는 세일즈맨이 제안한 것에 질문을 하는 또 다른 방식이다. 그 후 고객은 당신에게 이렇게 질문을 할 것이다.

"다른 상품에 비해 비싸지 않나요?" 또는 "이 기계가 사무실에서 너무 시끄러운 소리를 내지 않을까요?" 또는 "이 플라스틱 부분은 부러지기 쉽지 않을까요?"

이렇듯 세일즈맨이 거절로 받아들일 만한 질문은 끝이 없다.

고객은 구매 여부와 상관없이 확신이 없을 때, 또는 회의적이지만 기꺼이 설명을 들어볼 의향이 있을 때, "노"나 "별로 필요하지 않습니다."라고 대답한다. 하지만 이는 고객이 당신에게 질문하는 방식일 뿐이다. 즉 "당신의 상품이 어떤지 친절하게 설명 좀 해 주시겠습니까?"와 같은 뜻이다.

판매는 불리한 상황에 직면해 끈기를 요구하고 '노'와 인격이라는 단어를 대표하는 직업이다. 이것이 바로 많은 뛰어난 세일즈맨들을 끌어들일 뿐 아니라 그들의 미래를 보장하는 데 도움을 준다.

미국의 거물 부동산 중개인인 찰스 노예스는 천문학적인 금액에 엠파이어 스테이트 빌딩을 매각한 이야기로 유명하다.

노예스는 1년 이상 어디를 가든 모든 종류의 '노'를 들을 뿐이었다. 어떤 기관에서도 이 거래를 위해 자금을 지원하는 곳이 없었다. 수많은 보험회사, 은행, 연금 펀드, 중개상 등 모두 거절의 쓴맛을 안겨주었다. 하지만 그는 좌절하지 않았다. 희망의 끈을 놓지 않았던 그는 매각 옵션을 행사할 수 있는 날을 단 며칠 남겨둔 아슬아슬한 상황에서, 부동산 단일 거래 역사상 최대 규모의 거래를 기어코 성사시키고 말았다. 영웅적 끈기와 노력으로 엄청난 규모의 개인 자금을 끌어모았고 구매자도 큰돈을 절약할 수 있었다.

작가이자 교육자, 지역 사회의 리더인 프랭크 킹덤 박사는 내가 알고 있는 최고의 세일즈맨 중 한 사람이다. 내가 이렇게 물어봤다.

"가장 어려웠던 영업 전략은 어떤 일이었습니까?"

그러자 "그건 단연코 뉴어크에서 서로 경쟁 관계에 있던 세 개의 단과대학 학장들을 설득해서 뉴어크대학을 설립했던 일이었어요."라고 대답했다.

"이 세 학교는 이론상으로 모두가 찬성하고 있었지만, 그렇다고 해서 일이 쉬워진 건 전혀 아니었죠. 이 계획에 호의를 갖고 있지만 견원지간처럼 서로가 악의를 갖고 있었어요. 곧 깨달은 것은 이들이 좋은 대학을 필요로 한 것이 아니라, 서로에게 사이좋게 학교를 잘 이끌어갈 수 있다는 확신을 심어주는 것이었죠."

박사가 이 프로젝트를 진행함에 있어 특히 곤란했던 문제는, 각각의 학장들이 신설대학에서 최고의 지위를 노리고 저마다 이사회에 압력을 가하기 시작한 것이다. 또한 각 이사회에도 이사장이 있었는데, 이들 역시 신설대학의 이사장 자리를 노리고 각자 몰래 활동을 한 것이다. 여타 다른 위원회나 학부에서도 야망에 사로잡혀 지위를 노린 활동이 점입가경으로 치달았고, 계획은 한층 더 복잡한 양상으로 전개되었다.

"웃기지도 않은 한심한 작태에 지금까지 살아온 중에서 가장 힘든 6개월을 보냈어요. 나는 몇 번이고 전원이 함께하는 전체 이사회, 개별 이사회, 특별 위원회를 소집했죠. 때로는 개인들과 면담하고 갈등을 중재하면서 진전을 모색했는데, 의견 충돌을 조정하고 분노를 진정시키고 자제하도록 유도하면서, 그들의 자존심이 상하지 않도록 노력했어요. 또한 자산 양도와 관련해서 최대한 오해가 없도록 재정 계획서 작성에도 심혈을 기울였죠. 학교 중 하나가 어떤 한 사람이 소유와 운영을 동시에 하고 있었기 때문이에요."

이 과정에서 프랭크 박사는 수많은 좌절을 경험했다. 때로는 도저히 불가능할 것 같아 포기하기 직전까지 간 적도 있었다. 수많은 장애물을 극복할 수 없을 것 같았고, 협상은 끝나지 않는 난투극에 빠진 것처럼 보였다.

하지만 박사는 자신이 하려는 일을 포기하지 않았다. 이 프로젝트가 어떤 개인의 야망보다도 훨씬 거대하기에 협상은 지속되고 승리할 수 있을 거라고 믿었다.

포기하지 않는 믿음과 지칠 줄 모르는 열정으로, 질식할 것 같은 상황에서도 그는 멈추지 않았다. 3년여의 지난한 협상 끝에 합병이 실현되어 마침내 뉴어크대학이 탄생하게 되었다. 이것이 현재 럿거스대학교의 뉴어크 캠퍼스로 뉴어크 최고의 연구 대학이다.

나는 어려움과 부정적인 대답을 들었을 때, 포기하지 않고 끝내는 성공을 쟁취한 많은 사람을 떠올리곤 한다.

찰스 노예스, 앤드류 소콜, 프랭크 킹덤의 경험담은 내가 알고 있는 수많은 이야기 중의 일부이다.

훌륭한 세일즈맨의 본질은 낙담하지 않는 사람이다.

원래는 고객의 단호한 거절은 가치 있는 경험에 반하는 것으로 여겨져야 한다. 그리고 모든 세일즈맨은 거절을 경험한다. 하지만 아무리 '예스'가 희미하게 들리더라도 그것을 달아나게 내버려 둬서는 안 된다.

거절이라는 벽의 갈라진 틈으로 새어나오는 첫 번째 신호를 포착해 독수리가 먹이를 낚아채듯 기회로 삼아야 한다.

◆ 'No'를 'Yes'로 바꾼 자신의 대표적인 사례 4가지가 있다면 어떤 것인가요?

◆ 그때의 성공비결은 무엇이었을까요?

◆ 자신의 상품 및 서비스에 대해 자주 접하게 되는 의문 제기나 거절의 표현들이 있다면 어떤 것들이 있을까요?

◆ 그 의문 제기 및 거절 표현에 대해 어떻게 대처하면 보다 효과적일까요?

◆ 잠재고객이 스스로 선택하고 결정했다는 마음이 들도록 하기 위한 대화법에는 어떤 것들이 있을까요?

제13장

마무리는 끝이 아니다

영업에서 마무리만큼 잘못 이해되고 소홀히 다루어지는 것도 없다. 고객과 친해지고, 판매를 위해 좋은 분위기를 만들고, 고객의 고민거리에 주의를 기울이는 세일즈맨조차도, 마지막이라는 중요한 시점에 종종 발목을 잡히곤 한다. 상품에 대한 뜨거운 열정을 영업으로 어떻게 마무리로 연결하는지 모르기 때문에 판매에 실패하는 것이다. 마무리의 중요성을 간과하고 있는 것이다.

마무리는 어떻게 하는 것일까? 대부분의 사람들은 현금 등록기의 계산기를 두드리고 상품을 포장해서 건네주며 밝은 미소와 감사 표시를 하는 선에서 할 일을 다 했다고 생각한다. 또 어떤 사람은 구매에 대해 감사 편지를 쓰는 행위를 마무리라고 생각한다. 그리고 어떤 사람은 계약서에 서명하는 것을 마무리라고 생각하기도 한다. 그 이상도 이하도 아니다.

그런 사람들은 마무리는 짧은 순간이며, 마무리를 거래의 끝으로 생각하는 것이다.

하지만 마무리는 거래의 끝도 아니고 시작도 아니다. 그것은 연속적인 과정 중에 정점에 도달한 하나의 지점일 뿐이다.

단 한 번의 판매를 성사시키겠다는 근시안적인 목표로 고객과 친해지고, 고객의 희망 사항, 고민거리, 경제 사정 등에 대해 고객의 입장에서 노력할 필요가 뭐가 있겠는가?

진정한 목표, 즉 정말 가치 있는 목표는 영속성 있는 고객을 얻는 것이고, 쌓여가는 많은 매출이다.

판매하는 상품이 보험처럼 무형의 것이든, 아니면 화려한 변화가 진열장의 반짝이는 다이아몬드처럼 구체적인 상품이든, 마무리하는 세일즈맨의 마음에는 변화가 없어야 한다.

영업 상담에서 고객에게 상품 하나를 팔아치우는 목표가 아니라 지속적인 관계를 유지하겠다는 목표가 필요하다. 또 이론적 논리와 고객에게 심어줄 수 있는 믿음, 회사 및 상품, 브랜드 등에 대한 신뢰가 조화롭게 어우러질 때 영업의 효과가 극대화된다.

하나의 상품을 팔았다는 것은 고객과 한 단계 더 가까워질 수 있는 새로운 관계의 시작인 것이다.

하지만 논리만으로는 충분하지 않다.

나는 항상 감정이 행동을 자극한다는 이론을 추구한다.

논리는 감정의 자극이 필요할 때 생각을 자극할 뿐이다. 즉 감정은 행동을 촉진하고 논리는 사고를 자극하며, 새로운 것을 구매하는 즐거움과 기쁨, 혹은 소유하지 못하는 데서 오는 아쉬움이 클 때 적극적인 결정을 한다.

이성적 결정에 대해 아무리 논리적으로 설명해도 본인의 마음에 들지 않으면 구매 결정을 내리지 않는 것이 사람의 마음이다. 상품의 구매 결정은 감정이 결정적인 역할을 한다.

상품을 구매함으로써 얻는 즐거움은 돈을 지불하는 데서 오는 아까움보다는 커야 한다. 구매의 즐거움보다 지출이 아까우면 구매 행동으로 연결되지 않을 것이다.

영업 전략은 논리적으로 해야 하지만, 고객의 감성과 마음을 움직이게 하는 호소가 필요하다. 이는 오랜 세월 동안 힘들고 어려운 영업의 길을 걸어온 사람의 깨달음이자 나의 좌우명이다.

가능하다면, 판매를 여성이나 아이들의 행복과 연결함으로써 고객의 마음에 호소하는 것도 효과적인 방법이다. 남성 고객의 저항을 누그러뜨리는 방법으로 '사랑하는 부인을 위해 이걸 준비하면 어떨까요?'라든지 '혹시 이걸 사시면 부인께서 기뻐하실까요?'라는 식의 권유는 어떤 분야의 영업에서도 활용할 수 있을 것이다.

감정에 호소하는 영업과 관련해 나의 경험담을 소개하려고 한다. 판매하는 상품이 달라도 감정에 호소하는 방법이 매우 효과적임을 알게 될 것이다. 다시 한번 언급해 두고 싶은 것은, 비록 나와 친구들의 경험에 근거한 사례들이지만 다른 분야의 판매에도 응용할 수 있다는 점이다. 어차피 영업은 다른 사람에게 아이디어와 상품, 서비스를 구매하도록 설득하는 노력이기 때문이다.

이 사례는 내가 단체보험 영업을 시작한 지 얼마 지나지 않았을 때의 일이다.

나는 한 유명 회사의 부회장과 자주 가는 레스토랑에서 점심을 먹고 있었다. 그는 오랫동안 끈기 있게 노력하고 열심히 일한 결과, 그 업계에서 성공해 명성이 높은 사람이었다. 당연히 장래도 촉망한 사람이었다.

하지만 그날은 평소와 달리 매우 불안해하는 눈빛이었고 우울해 보이는 표정이었다. 이유를 물어보니 전날 오후 뉴욕으로 출장을 떠나기 전에 곤란한 일을 당하게 되었다는 것이다.

일주일 전에 직원 중 한 명이 갑자기 사망하는 일이 있었는데, 30대 후반의 나이에 15년 넘게 그 회사에서 일하고 있었다. 아무런 예고도 없이 돌발적인 죽음을 맞이한 그는 처와 아이들만 남겨두었다. 평소에는 몸이 안 좋다거나 건강이 좋지 않은 모습을 보인 적이 없었다. 다른 많은 급여 생활자들처럼, 그 역시 이렇다 할 저축도 없었고 보험도 들어 있지 않았다.

나와 함께 앉아 있는 부사장은 동정심도 많고 인간미가 있는 사람이었다. 그는 평소에도 회사 직원들에 관해 관심을 두고 있었기 때문에 죽은 존을 잘 알고 있었다. 오랜 시간 동안 서로 만나면 미소로 아침 인사를 나누던 부하 직원이었다.

존은 부서 사람들과도 좋은 관계를 유지했고, 회사의 크리스마스트리 아래서 다음 크리스마스 때까지 서로의 행운과 행복을 빌어주던 사람이었다.

이런 존이 갑작스럽게 쓰러졌다는 소식을 접한 다음 날, 돌아올 수 없는 사람이 된 것이다. 비극적이고 갑작스러운 사망 소식에 부사장과 동료들은 죽음을 애도하며 깊이 슬퍼했다.

장례식을 마치고 며칠 뒤였다.

뉴욕에서 우리가 만나기 전날 오후에 미망인이 부사장의 사무실을 방문했다. 그녀는 이제 혼자 집안의 생계를 꾸려나가야 했지만 앞으로의 생활에 대해 아무것도 준비가 되어 있지 않았다.

딱히 재산도 없었고 아이들이 너무 어려 일하러 나갈 수도 없다는 자신의 처지를 하소연하려고 사무실을 찾아온 것이다. 그녀를 지탱해 줄만한 시부모나 친정 부모도 없었다.

"존은 지금까지 줄곧 회사를 위해 일해 왔습니다."

그녀가 간청했다.

"존은 회사에서 신뢰받는 직원이었고, 누군가 감히 반대하는 의견을 내면, 이 회사를 마치 자기 것인 양 옹호하곤 했습니다. 심지어 그는 두통이나 감기로 잠에서 깼을 때도 항상 회사에 빚을 졌다고 말하곤 했습니다. 그는 성실하게 일하는 것이 회사에 빚을 갚는 도리라며 강한 의무감을 느끼고 있었습니다."

책상을 사이에 두고 마주 앉아 있던 부사장은 이야기를 끝까지 듣고 있었다.

그는 개인적으로 지원하는 것이 적절치 않다고 생각했음에도 불구하고, 이 돌발적인 상황을 미망인 혼자 해결하기에는 너무 어려운 일이라는 결론에 도달하게 되었다. 그리고 이런 문제를 사적으로 해결하는 것이 건강한 경영 정책에 부합하는 것이 아니라는 점도 알고 있었다. 하지만 도움을 호소하는 간절한 목소리에 응답하기로 했다.

나는 그 이야기를 들었을 때, 지금 그 회사만큼 보험에 가입해야 할 적기를 맞이한 곳도 없을 거라고 생각했다. 이런 상황에서 고객에게 단 하나, 답이 있다는 걸 보여주는 것 이상의 무슨 설명이 더 필요하겠는가? 그 무엇도 젊은 미망인과 아버지를 잃고 거친 미래의 삶에 직면해야 하는 아이들의 슬픔을 덜어줄 수는 없을 것이다.

그러나 아주 현실적인 문제로써 경제적인 어려움은 보험으로 인해 줄어들 수 있을 것이다. 그래서 단체보험에 대한 설명은 필요하지 않았고 감정은 이미 충분히 개입되어 있었다.

나는 실무적인 절차만 차분히 들려주었고, 부사장은 그 자리에서 전 직원에 대한 단체보험 계약서에 서명했다.

한번은 내가 어느 상담의 참관자로 참가한 적이 있었다. 자동차를 구매하려는 친구와 동행했을 때의 이야기이다.

친구는 자신이 원하는 가격대의 차를 잘 알고 있었고, 다양한 제조사의 상대적인 장점에 대해서도 잘 알고 있었다. 그래서 내 사무실 근처에 있는 자동차 회사 매장에 들러 실물을 보고 싶어 했다.

매장에 들어서자 번쩍이는 차들이 우리 시선을 사로잡았다. 그리고 거기에 걸맞게 눈부시게 세련된 한 영업사원이 다가와 우리에게 말을 걸었다.

처음에는 우리가 관심을 보이는 차의 장점에 대해 설명을 집중했다. 몇몇 안전장치들에 대해서는 전문적인 용어들을 사용해서 설명했고 자동차에 대해 아주 해박한 지식을 선보였다. 마치 내 친구가 어려운 용어들을 잘 이해하기라도 하는 것처럼 분위기를 이끌어갔다.

유체 구동장치, 제동장치, 충돌이나 충격을 줄이는 스프링, 동급 차량과의 연비 비교 등 막힘없이 설명을 이어갔다.

그의 설명은 당당하고 인상적이었다. 그야말로 자기 일에 대해 잘 알고 있는 사람이었다. 논리 정연할 뿐 아니라 반박할 기회조차 거의 없었다. 심지어 세일즈맨이 틀린 부분이 있고, 자동차를 어느 정도 아는 사람도 그 앞에서 반론을 제기하고 싶은 사람은 없을 것 같았다.

그런 뒤 이야기의 방향을 미묘하게 그리고 서서히 바꾸기 시작했다. 분명 논리적인 호소가 상당히 성공적이었다고 판단한 모양이었다. 이제 그는 감정에 호소하는 방향으로 나가기 시작했다. 머리에 호소하는 것은 승리했으니 끈기 있게 마음을 정복할 기회를 노리고 있었다. 영업사원이 친구를 향해 물었다.

"사모님이 계시지요?"

친구가 "네, 있어요."라고 대답하자 이 차를 소유했을 때 누릴 수 있는 즐거움과 자부심, 편리함 등을 이야기했다. 실제로 운행을 해보면 생활에 빼놓을 수 없는 편리함을 주고, 야외로 나갈 때의 멋지고 상쾌한 기분에 대해 생생하게 이야기했다. 그러다 잠깐 뜸을 들인 뒤 이렇게 물었다.

"이 차를 타고 지금 바로 집으로 돌아가서 사모님을 깜짝 놀라게 하고 싶으세요? 아니면 사모님을 여기로 모셔 어떤 차로 결정하실지 도움을 받아보시는 건 어떨까요?"

이야기가 여기까지 진행되자 친구의 저항지수는 최저치로 떨어지고 있었다! 친구가 말하길 아내는 이미 결정된 사실에 놀라기보다, 영업사원의 조언처럼 구매에 참여하기를 원하는 사람이라고 대답했다.

영업사원은 놀랄만한 끈기를 가지고 전화로 연락하도록 부탁했다. 만약 오신다면 다른 직원을 보내 부인을 쇼룸으로 모셔오도록 하겠다고 했다. 사실 이것은 동시에 시승 드라이브가 될 수도 있었다.

부인을 데리러 간 동안 친구는 거의 구매를 결정한 듯 보였다. 한편 부인이 도착할 때까지 구매 상담은 계속되었는데 영업사원은 다시금 장점들을 강조하며 마무리 단계를 처리하고 있었다. 나는 내가 자주 사용하던 판매의 기술임을 인식할 수 있었다. 매장의 영업사원이 보여준 판매의 기술은 거의 완벽했다.

상담이 막바지에 달했을 때는, 고객의 마지막 저항 요소가 사라지기 때문에 강조하는 점에 변화를 줘야 한다. 더는 고객에게 선택의 여지를 주지 않아도 된다. 고객이 살지 말지 주저하는 시점은 이미 지났기 때문이다. 고객은 사려고 마음을 정했고 그것도 지금 당신에게 구매하려고 한다.

그래서 이때는 "어느 쪽이 더 좋으세요?"라고 질문을 바꿔야

한다.

고객은 취향에 따라 상품이나 서비스의 특성, 색상, 가격대, 스타일을 선택하면 된다. 만약 이때도 고객이 아직 머뭇거린다고 생각되면, 이미 사기로 의사표시를 한 것으로 간주하고 이야기를 끌고 가야 한다. 단 영업사원이 판매의 기술을 사용하고 있다는 것을 너무 티 나게 하지 않는 것이 요령이다. 그런 기분을 느끼면 순식간에 구매를 중단하거나 미루어버릴 수 있다.

선택의 가능성이 아주 많은 경우에는 몇 가지로 압축해서 그중에서 고르도록 한다. 너무 많은 것 중에서 선택하려고 하면 마음이 어지럽고 혼란할 수 있어서, 기껏 싹을 틔운 구매욕이 사라져버릴 수 있다. 결정이 미루어진다면 판매는 실패라고 봐도 된다.

다시 자동차 구매 이야기로 돌아가서, 나는 매력적인 계기판을 바라보며 친구 옆에서 차를 살펴보고 있었다. 그리고 나의 철학이기도 한 판매 기술을 분명히 목격할 수 있었다.

나는 이 질문이 보험 영업뿐만 아니라 자동차 판매의 경우에도 매우 효과적으로 활용되고 있음을 확인하고 기뻤다. 영업사원은 "어떤 색상으로 살 겁니까?"가 아니라 "어떤 색을 가장 좋아하세요?"라고 물었다.

그렇게 질문하는 걸 나는 똑똑히 들을 수 있었다. "어떤 색상으로 살 겁니까?"라는 질문의 형태는 재촉하는 느낌이어서 고객의 기분을 상하게 할 수 있다. 하지만 "어떤 색을 가장 좋아하세요?"와 같은 질문은 경계심을 불러일으키지 않는다.

만약 고객이 좋아하는 색을 언급했다면, 고객은 자신의 구매 의지를 한층 더 강화한 것이다. 질문에 마침내 친구는 검은 세단이 좋다는 선호도를 드러냈다. 아마 검은색을 좋아할 거라는 식의 암시였다.

이때 부인이 도착했지만 친구는 이미 검은 세단에 흠뻑 빠져 버린 상태였다. 부부는 비슷한 취향을 가진 경우가 많기 때문에 구매는 결정된 것이나 다름없었다. 부인도 검은 세단에 흡족해하는 모습이었다. 매매 계약서에 사인하고 몇 장의 수표가 건네졌다. 판매가 이루어진 것이다.

나는 영업사원의 능숙한 마무리 기술을 보면서 참관자가 된 것이 무척 기뻤다.

내 인생과 많은 친구들의 일화와 철학을 인용하고 있지만, 가장 친한 친구이자 아내인 빌리 레터만을 빼놓을 수는 없다.

그녀는 스스로를 세일즈맨이라고 여기며 나 역시 내가 아는 한 최고라고 생각한다.

나는 결혼 초기에는 두 사람이 모두 일을 할 필요는 없다고 말했다. 하지만 아내는 단순한 판매를 넘어 매우 차원이 높은 영업을 하고 있었다.

그녀는 나와 오랫동안 함께 비즈니스를 했다. 지금은 부인용 핸드백을 파는 도매상의 중역으로 일하고 있는데 모두 최고급 핸드백만을 취급하고 있다.

혹시 당신이 어딘가에 살짝 숨어서, 상담을 위해 찾아온 바이어를 상대하는 모습을 엿본다면 아마 놀라움을 금치 못할 것이다.

그녀는 첫째, 전체 상품을 보여주고는, 각 상품의 특징과 장점을 지적하며 뛰어난 마감 솜씨와 스타일에 대해 충분하게 설명한다. 그런 다음 바이어 고객이 운영하는 점포의 입지 조건, 주요 고객층이 어떤지 묻고, 다음 시즌을 위해 어떤 종류의 핸드백을 선택해야 할지 분석하고 조언을 한다. 그리고는 고객의 매장에 특화된 상품들을 골라낸다.

또 부인용 핸드백이라는 한정된 범위의 특징을 살리기 위해, 부피가 크지 않으면서도 물건을 많이 넣을 수 있는 상품을 꼼꼼하게 챙겨 바이어에게 보여준다.

그다음으로 부드럽기도 하며 단단함이 얼마나 오래가는지, 바깥쪽 가죽은 튼튼한지, 안쪽에는 세련된 재료가 사용되었는지 설명하고 보여준다.

실용적인 측면의 설명이 끝나면 이제 디자인에 대한 이야기로 넘어간다. 논리적인 이야기에서 감성에 호소하는 단계로 바꿔 가는 것이다. 특히 사무적인 외출 시에도 사용할 수 있다거나, 격식을 차려 외출할 때, 정장뿐 아니라 드레스에도 어울린다는 점을 잘 설명한다.

마지막으로, 상담이 절정에 가까워짐에 따라, 순조롭게 최종 마무리 단계로 넘어간다.

마무리는 지금까지의 설명에 대해 고객이 무엇을 받아들였느냐에 따라 달려 있다. 이때 "타원형이 좋으세요? 아니면 네모난 핸드백이 더 나으실까요?"라고 물어볼 수도 있고, 큰 것과 작은 것 사이에 "어지간한 물건들은 다 들어가기 때문에 커 보인다고 생각되면, 좀 더 작은 것으로 하시는 건 어떠세요?"라고 묻는다.

이 판매를 끝낸 세일즈맨의 마무리 작업을 떠올려 보자.
마무리가 무엇인가?
마무리는 재구매를 포함해서, 고객이 상품이나 서비스를 구매하는 데 전념하도록 돕는 행동이다. 보험업이라면 계약서에 서명을 돕는 과정이다. 백화점이라면 고객이 "이걸로 할게요."라고 말하고 대금을 지불하거나 신용카드 전표에 서명하는 순간이다.

◆ 자신의 마무리(closing) 기법은 무엇인가요?

◆ 자신의 마무리 기법에서 보완할 부분은 어떤 점인가요?

◆ 보다 효과적인 마무리를 위해 개발하면 좋을 기법에는 어떤 것이 있을까요?

◆ 마무리 시점에서 고객의 감성을 움직일 질문이나 표현을 준비한다면 어떻게 하겠습니까?

◆ 보다 효과적인 마무리를 위한 질문을 4가지 이상 다듬어 본다면 어떻게 하겠습니까?

비록 고객이 오늘은 당신에게 구매를 했다고 하지만
내일이 되면 타사의 상품에 현혹될 수 있다.

제14장

사후관리는 새로운 판매 수단이다

유능한 세일즈맨은 고객이 재구매를 위해 찾아오도록 하는 것이지만 상품이 반품되지 않도록 관리도 잘해야 한다. 또 유능한 세일즈맨은 고객이 기분 좋게 지갑을 열어 상품을 구매하게 하고, 판매 후에도 고객이 만족감을 느낄 수 있도록 최선을 다하는 것이다.

그렇다면 고객은 무엇에 만족을 하고 기뻐할 수 있을까? 다음의 몇 가지를 들 수 있을 것이다.

고객이 구매를 결정하는 데 도움을 주는 것, 고객이 구매를 결정하고 판매를 종료하는 과정에서 받은 서비스, 그리고 사무실이나 공장, 가정으로 돌아간 후 상품을 써보고 얻은 만족감이다.

마지막으로 이것은 내가 가장 강조하는 부분으로, 판매가 이루어진 후 고객의 요구에 대해 관심을 갖는 것이다.

그렇다. 판매는 고객이 거절할 때 시작된다. 물론 즉시 승낙할 때도 있다. 하지만 판매가 거기서 끝났다고 생각하는 것은 매우 어리석은 일이다. 일단 판매가 이루어지고 나면 새로운 단계의 비즈니스가 열린다. 그럼에도 불구하고 대부분의 세일즈맨들은 고객에게 충분한 관심을 쏟지 않는다.

1달러의 상품을 구매한 고객은 그 즉시 5달러, 10달러를 구매할지 모르는 잠재고객이라 할 수 있다. 1천 달러어치의 의류를 구매한 고객은 1만 달러의 상품을 구매할지 모르는 잠재고객이다. 어떤 회사와 10만 달러어치의 보험을 계약했다면, 몇 년 뒤에 100만 달러의 계약을 맺을 수 있는 토대를 마련한 것이다.

한 번 이루어진 거래는 다음 거래를 위한 초대장이나 마찬가지다. 재차 거래하게 된다면 그 고객을 만나 더는 자신을 소개할 필요도 없고, 다시 상품 설명을 하거나 골머리를 앓지 않아도 된다.

고객이 내 손 안에 들어 있다고 착각한 나머지, 자만하기 때문에 더 이상 판매가 이루어지지 않는다. 즉 과거에 구매를 해주었기 때문에 그 고객은 자기 소유이며, 더 이상 관리할 필요가 없다고 생각하는 것이다.

당신은 위와 같이 우려할 만한 세일즈맨이 아닌지 스스로 돌아봐야 한다. 혹시 그런 부류에 속한다면 두 가지 면에서 근본적인 개선을 실행해야 한다.

첫째, 당신의 고객은 다른 세일즈맨의 잠재고객이기도 하다는 사실을 기억해야 한다.

둘째, 비록 고객이 오늘은 당신에게 구매를 했다고 하지만 내일이 되면 타사의 상품에 현혹될 수 있다. 당신에게 구매했다고 해서 고객이 또 당신에게 구매할 이유는 없다.

당신이 판매하는 다른 상품이나, 같은 상품이지만 더 많은 양을 필요로 할 수도 있다. 이것이 바로 한 번 거래를 맺은 고객을 양성하려는 이유이다. 어떤 면에서 거절한 고객을 설득하는 것만큼이나 어려운 일일 수도 있다. 그리고 일반적인 규칙도 없다. 당신이 취급하는 상품의 유형이나 성격에 따라 달라질 수 있고, 고객의 성격은 물론이고 당신의 성격에 따라서도 바뀔 수 있기 때문이다.

하지만 내 경험이나 친구들의 몇몇 사례들이 참고가 될 것이다.

고객은 거래가 이루어진 후에 소홀히 여긴다고 느낄 때, 심리적으로 버림받았다는 느낌을 갖는다.

대부분의 세일즈맨들은 판매가 이루어지기 전에는 수시로 전화를 하거나 점심 약속을 제안한다. 그리고 고객의 일이나 사생활에 관심을 갖고 챙겨주려고 한다. 그런데 한 번 거래가 이루어지고 나면 전화도 없고 찾아오지도 않는다. 그리고는 잠재고객 리스트를 꺼내 새로운 잠재고객을 찾아 나선다.

여기서 잠시 고객의 입장에서 생각해 보자. 거래가 성사되기까지는 여러모로 대접도 받고 끊임없는 관심으로 우쭐해졌을 것이다. 그런데 거래가 이루어지고 난 뒤에는 눈에 띄게 소홀해졌다. 고객은 무슨 기분이 들까?

세일즈맨의 태만한 사후관리에 대해 브로바 시계의 CEO 존 볼러드는 이렇게 경고했다.

"내가 항상 지켜왔던 원칙이 있다. 고객에게 내가 판매하는 상품의 모든 혜택을 주는 것이다. 아마도 팔고 그냥 튀는 게 편할지 모른다. 하지만 고객을 유지하고 재주문을 받고 싶다면 그렇게 해서는 안 된다. 당신이 판매한 상품의 장점을 고객이 최대한 활용할 수 있도록 모든 서비스를 제공하라. 이렇게 했을 때 장기간에 걸쳐 고객을 유지하고 재주문을 받을 수 있다."

물론 정복해야 할 새로운 분야는 많다. 그리고 이 정복을 위한 싸움에서 시간의 중요성을 빼놓을 수가 없다. 하지만 이 시간 때문에 고객을 방치하고 바람에 날려버려서는 안 된다.

"새로운 고객을 찾아 하나라도 더 팔아야 하는데, 기존 고객들까지 언제 챙깁니까?"

물론 당신은 이렇게 말하지 않을 것이다. 한 번 판매를 했던 고객은 늘 새로운 고객이다. 기존의 고객은 새로운 고객이 아니라고 생각한다면 필연적으로 큰 벽에 부딪힐 것이다.

당신은 거래 후 한 달 이내에 고객에게 몇 번이나 연락을 하는가?

요즘 대부분의 판매 시스템은 세일즈맨과 발송자, 사후관리자로 되어 있다. 세일즈맨이 고객과 거래를 맺고 발주서를 작성해 발송부서에 넘기면, 여기서 고객에게 상품을 발송한다.

사후관리 부서는 상품이 잘 도착했는지, 상품에 하자가 없는지 전화 방식으로든 디지털 방식으로든 확인을 한다. 그리고 이 동일한 시스템 아래에서도 마음먹기에 따라 차별적인 서비스를 만들어낼 수 있다. 고객 만족이 최대한 유지되는지 확인하고 지속적인 관심을 보여주는 것이다. 도착이 지연되거나 상품에 하자가 있어 고객 쪽에서 전화를 걸어 불평을 쏟아내는 것보다 훨씬 신뢰할 수 있는 행동이다.

즉 판매 단계에서 보여준 친절함만큼이나 판매 후에도 똑같은 서비스를 유지해야 한다. 고객이 상품에 대한 만족감을 항상 최고로 유지할 수 있게 최선을 다하는 것이다. 고객이 만족하지 못한다면 그만한 이유가 있을 것이다. 세일즈맨은 이를 신속히 찾아내 그 원인을 제거해야 한다. 이렇듯 판매를 끝낸 후 사후 관리는 장기적인 측면에서 매우 효과적인 전략이고, 고객을 장기간 자신의 고객으로 유지할 수 있다.

"레터만 씨, 당신의 주장이 자동차 판매나 보험 영업에 효과적이라는 것은 알겠습니다. 하지만 나처럼 매장 카운터에 서서 화장품을 판매하는 사람은, 고객이 만족하고 있는지 확인할 방법이 없어요. 고객은 돈을 지불하고 그대로 매장을 나가버립니다. 그날 밤 내가 전화를 걸어 확인해야 한다는 뜻은 아니겠죠? 또 우리 직원들처럼 손님의 이름도 모르고 일하는 곳도, 집도 모르는 사람들은 사후관리를 어떻게 해야 합니까. 손님은 오직 매장에서만 만날 수 있을 뿐입니다. 일주일에 가끔 한 번 정도 매장에 와서 화장품 매장을 둘러보고 립스틱이나 파우더를 사갈 뿐입니다. 때로는 향수도 한 병을 사가지만 그건 아주 드문 일입니다."

물론 이런 하소연에도 일리가 있다. 이런 판매원은 손님을 식사에 초대할 수도 없고 손님 집을 방문할 수도 없기 때문이다. 이런 경우는 개인 판매 분야에서 방법을 찾아야 한다. 원칙은 비슷하기 때문에 조금만 응용하면 문제를 충분히 해결할 수 있다. 이 단계에서 전략을 바꾸는 것도 손님에게 터무니없는 일이므로, 일단 판매 전과 같은 태도를 유지하면 된다.

그녀가 말하는 손님은 대체로 일주일에 한두 번 정도 매장을 찾는다고 했다. 이것이 바로 지속적으로 고객을 확보할 수 있는 기회이다. 어떤 판매원들은 요령을 가지고 있는데, 이는 훈련과 노력을 통해서도 익힐 수 있다. 손님을 기억하는 것뿐만 아니라 손님이 구매한 상품까지 기억해 주는 것이다.

"지난주에 새로 나온 나이트 크림을 구매하셨잖아요?"
"네, 그래요. 근데 벌써 2주 전이에요."
"아아, 2주 전이었나요? 써보시니까 어떠셨나요?"
"아주 좋은 크림이었어요. 그런데 내 피부에는 기름기가 좀 많은 편이었어요."
"아, 그러셨군요? 사실 저도 사용하고 있지만, 손님 피부에 더 맞을 만한 크림이 있거든요."

물론 이렇게 한다고 해서 다른 상품을 구매할지는 알 수 없다. 하지만 그럴 가능성을 높이는 것만은 확실하다. 중요한 것은 손님은 이런 관심을 싫어하지 않는다는 것이다. 판매원이 자신과 구매한 상품을 기억해 주는 점에 대해 진정으로 개인적인 관심을 받고 있다고 느낀다. 손님은 다시금 이곳에 오고 싶다는 확신을 가지고 매장을 나설 것이다.

그리고 여기에는 서비스라는 작은 개념이 포함되어 있다. 상품에 따라 서비스의 의미도 조금 달라진다. 그렇다면 서비스란 대체 무엇인가?

서비스란 고객이 구매한 상품이 고객에 의해 최대한 진가를 발휘할 수 있도록 판매자 쪽에서 하는 지원행위라고 할 수 있다.

상품을 만들거나 판매하는 쪽은 자신을 정당화할 수 있기 때문에 서비스가 필요하다. 이는 경험에서 비롯된 지혜다.

먼저 판매자는 판매한 상품에 대해 지식이나 구조, 작동, 장점과 단점을 구매자보다 훨씬 더 잘 알고 있다.

상품의 사용에 차질이 생길 경우, 구매자보다 판매자가 더 쉽고 빠르게 일부 또는 전부를 교체할 수 있고 과실을 시정할 수 있다.

마지막으로 고객이 정상적이고 만족스럽게 사용하지 못한다면, 이는 고객만큼이나 판매자에게도 중대한 일이다. 왜냐하면 다른 사람들에게 판매되었을 때도 그럴 가능성이 있기 때문이다.

사후 서비스는 그 자체로도 좋은 일이지만, 판매로 인해 쌓았던 좋은 관계를 지속하기 위해서도 소중히 다루어져야 한다. 결국 서비스란 그 자체로 목적이고 새로운 판매를 위한 수단이다.

고객과 지속적으로 좋은 관계를 유지하는 방법은 많다. 그것들의 궁극적인 목적은 고객만족이다.

상품 판매를 위해 사용할 수 있는 최고의 광고는 판매하는 쪽의 말보다 사용자의 입소문이 훨씬 효과적인 것은 강조할 필요도 없다. 그리고 이 입소문이 끊임없이 인용되거나 확산시키려면 사후 서비스 방법만큼 좋은 전략은 없다.

한 번 구매한 고객은 당분간 구매하지 않을 거라는 생각으로 소홀히 해서는 안 된다. 왜냐하면 그 고객은 당신이 생각하는 것보다 훨씬 더 빨리, 당신이 상상했던 것보다 더 많이 구매하기 위해 시장에 나올 것이다. 사후 서비스, 즉 고객만족에 대한 당신의 관심은 더 많은 판매를 위한 다리가 되어 줄 것이다.

또 세일즈맨은 다른 상품을 고객에게 제안할 기회를 놓치지 말아야 한다. 기존 상품을 보완한 상품이거나 홍보를 위한 특별 제품이어도 좋다. 언젠가 작은 매장의 벽에 붙어 있던 글이 떠오른다. 짧은 문장이었지만 오랫동안 읽지 않았음에도 불구하고 여전히 마음속에 선명하게 떠오른다. 특별히 총명하거나 독창적이지는 않지만 많은 옛 격언처럼 보편적이고 시대를 초월한 글귀였다. 한번 보면 어떤 세일즈맨도 잊지 못할 것이다. 벽에는 이렇게 쓰여 있었다.

"만족스럽지 않다면 우리에게 말씀하십시오. 당신이 만족스러웠다면 다른 사람에게 말해 주십시오."

◆ 구매한 고객의 감성을 더 만족시키고 추가구매나 소개를 받을 방법에는 어떤 것들이 있을까요?

◆ 지속적이고 효과적으로 기존 고객을 관리하기 위한 자신의 방법에는 어떤 것들이 있나요?

◆ 어떤 방법들이 효과적이었고, 어떤 방법들이 효과적이지 않았나요?

◆ 보다 효과적인 고객관계관리를 위해 도입하거나 보완하면 좋을 것들(예: 시스템, 루틴, 채널, 기법 등)은 무엇일까요?

◆ 보다 효과적으로 추가판매가 일어나도록 하기 위해 어떤 것들을 보완하면 좋을까요?

유능한 세일즈맨에게 필요한 또 다른 자질은 '용기'이다.

제15장

새로운 것에 시도하는 용기를 가져야 한다

판매는 재미있는 일이다. 판매라는 일에서 재미를 느끼지 못하는 사람이 있다면 자신이 하고 싶은 다른 일을 찾는 것이 좋다.

나는 인생의 순간들이 너무도 소중하다고 느낀다. 단지 부차적인 문제일 뿐인 돈을 만들어야 한다는 필요성 때문에, 인생을 즐겁게 살지 못하는 것을 안타깝게 생각해 왔다.

나는 세상에 태어나 엘머라는 이름을 얻고 철이 들 무렵부터 항상 무언가를 팔고 있었다. 그러니까 14세 때부터 이미 나는 카운터 뒤에 있었다.

18세 때는 양모섬유를 팔고 있었다.

내가 팔고 있는 제품에 완전히 매료되어 있었기 때문에 양모 없는 세상은 무너질 거라고 생각하기까지 했다.

나는 내 제품에 대해 철저히 애착을 가졌고 그것과 함께 살아왔다. 나는 내 제품이 살아 숨쉰다고 생각할 만큼 내 제품을 사랑했다. 그렇지 않았더라면 이 일을 하지 못했을 것이다.

23세 나이에 양모 판매로 벌어들인 내 수입은 연간 30만 달러가 넘었다. 세일즈맨의 연봉으로는 엄청난 금액이었다. 하지만 그런 내 모습을 돌아보면서, 오늘날 회사들이 젊은 세일즈맨에게 바라는 자질을 생각해 봤을 때, 열정을 가지고 있었다는 점을 빼고는 내가 충분한 자질을 가졌는지는 확신할 수 없다.

파는 것만이 나의 세상이었고, 양털로 짜인 세상이었으며, 아무도 질풍노도의 나를 막을 수 없었다.

내가 아는 위대한 세일즈맨들을 자세히 살펴보면 이 사람들에게서는 공통의 특징을 찾아볼 수 있었다. 즉 평범한 세일즈맨들처럼, 성과가 오르지 않는데 어떻게 월급을 받을까 하는 걱정이 없었다.

나 역시 위대한 세일즈맨들과 비슷한 자질이 있었다. 바로 열정이라 불리는 무형의 것이었다.

내 친구 알프레드 라이언이 필립 모리스의 새로운 판매 촉진 계획에 대해 이야기할 때, 그는 마치 불타는 듯한 열정으로 눈이 초롱초롱 빛났다. 거침없는 그의 이야기는 왜 그 회사의 성과가 훌륭할 수밖에 없는지 증명하고도 남는다.

또 뉴욕의 알곤킨 호텔의 경영자인 벤 보드네가 비즈니스에서 호텔의 역할에 대해 이야기할 때, 자기 일에 완전히 빠져 전력을 다하고 있음을 느끼지 않을 수 없다. 이 모든 것이 자기 일에 대한 압도적인 애착에 뿌리를 두고 있다.

아서 모리스도 생애를 통틀어 가장 중요한 거래를 성공시킬수 있었다. 그의 이야기에서도 자신이 팔려고 하는 상품에 대해확고한 믿음과 열정을 가지고 있었기에, 미국에서 가장 고집스럽다는 금융업자들을 움직일 수 있었다. 그는 이렇게 말했다.

나는 버지니아주 노퍽에서 변호사를 개업하고 모리스 플랜이란 은행을 설립했다. 그리고는 뉴욕을 방문했다. 나는 소비자금융 신용조합을 만들고, 이를 발전시키고 싶다는 강한 열망이있었다. 그래서 뉴욕에 오기 전에 이미 여러 도시에 13개의 모리스 신용조합을 마련해 둔 상태였다.

당시 노포크에서 재정적으로나 다른 면에서나 으뜸가는 저명인사인 퍼거스 레이드와 어느 날 저녁, 내 아이디어와 야망과포부를 밝힐 수 있었다. 그는 내 이야기를 다 듣고 나서 이렇게말했다.

"당신의 생각은 매우 참신하고 혁명적이지만 조금 어렵겠군요. 그리고 이제 겨우 열세 개의 신용조합을 만들고 5년밖에 지나지 않았어요. 당신의 이상과 야망이 끌리지 않는 건 아니지만, 10년 정도 더 건실하게 영업을 한 다음이어야 할 것 같습니다. 아무리 신용조합을 전국에 세우려 해도 뉴욕의 거대 자본을 유치하기는 어려울 거란 생각이 듭니다."

여러 차례 만난 후 겨우 레이드를 대동하고 뉴욕 증권거래소의 거물 크레이그와 당시 개런티 신탁회사의 대표 찰스 사빈 씨를 소개받기로 했다.

우리는 메트로폴리탄의 한 클럽에서 이 두 사람과 만나 저녁을 먹으며, 소비자 금융 신용조합의 개요를 설명하고 즐거운 저녁을 보낼 수 있었다.

나는 많은 임금 근로자들이 생겨나고 있어서 신용의 대중화가 본질적으로 필요하게 되었다고 설명했다. 그리고 이를 실행할 시점이 되었다는 것이 나의 믿음이었다.

대량의 소비가 이루어져야 대량 생산이 가능해질 것이기 때문이다.

나는 확신을 갖고 대규모의 신용 시스템이 대량의 소비를 보장할 거라는 점을 지적했다. 또 대량의 소비 시대에는 고용의 확대가 불가피하다는 점도 지적했다.

내 이야기를 들은 두 사람은 처음에는 깊은 인상을 받은 것처럼 보였다. 하지만 내 이론이 실제로 이루어질 것인지에 대해서는 상당히 회의적이었다.

사빈 씨는 개런티 신탁회사의 사무실이나 모건의 사무실에서 회의를 주선할 테니, 헨리 데이비슨, 윌라드 스트라이트, 토머스 라몬트, 에드우, 토머스 콕튼 등 재계 인사들을 만나 내 계획을 자세하게 설명해 보라고 했다.

사빈이 호명한 인사들은 전부 JP 모건의 파트너라는 것을 곧 알게 되었다.

나의 계획을 화려한 명성의, 금융 거물들 앞에서 설명한다는 생각에 압도되는 느낌이었다. 그리고 모건 사무소에서 열린 회의에서는 앞서 언급한 인사들뿐 아니라, 콜만 듀퐁, 허버트 세틀리(JP 모건의 처남), 조지 케이스(JP 모건의 변호사), 새뮤얼 풀러(투자 은행가) 등이 참석했다.

이 회의에서 처음이자 마지막으로 JP 모건을 만나 잠시 면담이 이루어졌다. 그날 모건은 마침 로마로 여행을 떠나기로 되어 있었는데, 회의에 참석한 파트너에게 인사를 건네려고 잠깐 들렀던 것이다.

하지만 그는 결국 이 여행에서 미국으로 돌아올 수 없었다. 비라드에스테에서 추위를 피하던 중 불귀의 객이 되고 만 것이다.

그때 회의의 목적이 무엇이냐고 물었을 때, 간단하게 줄여서 내 계획을 이야기할 수 있었다.

그는 내 이야기를 아주 잘 이해한 듯 '인격과 소득 능력이 신용의 토대가 되어야 한다는 신념을 갖고, 신용을 대중화하려는 당신의 계획은 기본적으로 좋은 것이라고 생각합니다. 또 미국의 산업을 더욱 발전시키기 위해서도 절대적으로 필요하다고 말할 수 있어요. 그것의 성공은 유능한 경영에 달려 있지요.'라고 말한 것을 지금도 기억하고 있다.

그 회의의 결과 소비자 금융 신용조합을 전국에 걸쳐 확대하기로 하고, 초기 자본금 500만 달러의 지주회사가 탄생하게 되었다.

그 회의가 끝나고 순식간에 뉴욕에서 캘리포니아, 메인에서 텍사스까지 100곳 이상의 신용조합이 설립되었고, 약 200억 달러의 개인 신용대출이 이루어졌다.

얼마 후 12,000개의 은행들이 모리스 신용조합의 방식을 모방했다.

내가 구상한 소비자 신용대출 상품으로, 모리스 신용조합에서 최초로 자동차 할부금융을 시작할 수 있었다. 이 금융상품의 등장으로 인해 미국의 자동차 산업은 가장 폭발적인 성장을 이룰 수 있었다.

이 뛰어난 아이디어 소유자들은 그저 좋은 삶을 위한 방법을 찾아낸 것이 아니었다.

그들은 어떤 기회와 유혹에도 현재의 직업에서 다른 직업으로 바꾸지 않았다. 그리고 그들이 사람들의 부러움을 사는 부와 지위를 일궈낼 수 있었던 이유는 뛰어난 지적 능력과 부지런함, 인내심의 결과였다. 그러나 그중에서도 직업에 대한 애착과 열정은 빼놓을 수가 없다.

유능한 세일즈맨이 되기를 열망하는 사람이 있다면 '자신감'과 '겸손함'을 겸비하라고 조언하고 싶다.

그 자질 중 어느 한쪽을 가진 사람들은 쉽게 찾아볼 수 있다. 그러나 한 사람이 두 가지의 자질을 가진 경우는 드물다.

유능한 세일즈맨에게 필요한 또 다른 자질은 '용기'이다. 판매를 원하는 사람은 새로운 방법, 새로운 접근법, 새로운 상품을 끊임없이 생각해낼 줄 아는 선구자여야 하며, 생각했던 아이디어를 추진하고 시도하지 않은 것을 시도하는 용기를 가져야 한다.

호텔 경영으로 유명한 콘래드 힐튼은 시카고의 팔머 하우스를 인수할 때, 새로운 접근법을 사용했다고 이야기했다.

호텔 객실이 부족하던 시절, 예약하려는 고객들에게 "죄송합니다. 방이 모두 찼습니다."라고 매번 말하는 것은 크나큰 고역이었다. 이럴 때 팔머 하우스는 다른 호텔에 연락해서 손님에게 방을 예약해 주었다. 새로운 시도였고 수수료가 있는 일도 아니었다.

이것은 실제로 혁신이었다. 이전에 들어보지도 못한 방법이다. 바로 금전적인 이득이 생기는 일도 아니었다. 새로운 경영자에게 넘어간 호텔로서는 비용이 늘어나는 일이었다. 용기가 필요한 일이었다.

하지만 이런 방침은 힐튼 체인 전체의 평판을 높였고 업계가 비수기일 때조차도 힐튼만 번창하게 해준 원동력이었다. 그것은 지불한 대가를 뛰어넘는 성과였다.

이런 용기 있는 사고방식이야말로, 분야를 가리지 않고 찾아볼 수 있는 성공한 세일즈맨들의 특징이다.

그들은 무엇보다 혁신가였다. 그런 그들이 만약 실제로 아이디어를 생각해내면 아이디어의 잠재력을 알아보고, 그것을 최대한의 가치로 이끌어낸다.

나는 30여 년간 보험업계에 종사해 왔다. 내 성공 역시 혁신을 통해 추적해 볼 수 있다고 생각한다.

나는 보험업계에 막 뛰어들어 흥미를 느끼기 시작했을 때, 사람들의 입에 오르내릴 만하고 신문에 실릴 만한 계약에 초점을 맞추었다.

내가 모아둔 스크랩북은 내가 어떻게 지미 듀란테의 코를 100만 달러에, 베티 그레이블의 다리를 50만 달러의 보험에 들게 했는지에 대한 기사로 가득하다.

물론 듀란테의 보험이 위험할 것이라는 사실은 알고 있었다. 왜냐하면 시간이 지날수록 인간의 코는 커지는 경향이 있기 때문이다. (내 코도 거울로 볼 때마다 느끼지만 줄어들지 않았다!)

베티 그리블의 경우도 다리의 각선미가 점차 없어질 거라고 생각할 수밖에 없었고, 더 아름다워지리라고는 상상할 수 없었다.

하지만 나는 이런 화제가 되는 이야기들로 보험이라는 비즈니스를 세상의 중심으로 가져오고 싶었다. 그리고 이런 종류의 보험은 보험료나 수수료를 염두에 두고 하는 일이 아니었다.

당시 20대였지만 엘머 레터만이란 사람이 세상에 널리 알려진다는 데 의미가 있었다.

몇 년 후, 나는 다시 한번 큰 걸음을 내디뎠다. 그것은 많은 용기가 있어야 하는 일이었다.

미국의 생명보험의 미래는 단체보험에 달려 있다고 본 것이다.

그 당시에는 거의 알려지지 않았고 계약을 하는 사람도 없었다. 거의 존재하지 않는 것이나 마찬가지였다.

이 결정은 생각과 일하는 방법을 근본적으로 바꿔야 함을 의미했다. 즉 완전히 새로운 방법을 궁리해내야 했고, 단체보험에 대해 들어본 적도 없는 사람들을 이해시키기 위한 투쟁을 의미했다.

스스로 생각해 봐도 단체보험에 있어서 위대한 첫 발자국이었다. 미래의 가능성에 대한 용기 있는 도전이었고, 내 개인의 성취보다 급변하는 산업, 경제, 사회에 반응하고 있었다는 점에 의미를 두고 싶다.

자동차 판매의 경우 고객은 차를 볼 수 있고, 느낄 수 있고, 운전석에 앉아 최신식 장치와 기술 발전에 관해 실제적인 설명을 들을 수 있다. 하지만 믿음이나 정치이념, 자선적 명분 등과 같이 보험 영업은 눈으로 보고 듣고 느낄 수가 없다. 그럼에도 고객을 충분히 납득시켜야만 판매할 수 있는 무형의 상품을 파는 행위이다.

보험 영업은 창의력과 설득력, 책임감, 그리고 고객을 끌어들이는 섬세함과 약간의 유창한 말솜씨를 갖춰야 한다. 물론 외향적이며 교감 능력도 갖추고 있어야 한다. 이런 모든 자질을 갖고서 세일즈맨은 고객과 서로 도움이 되는 방식으로 문제를 풀어가야 한다.

토머스 에디슨은 5만 번의 실험을 했지만 만족스러운 결과를 얻지 못했다. 그러자 조수 한 명이 그렇게 많은 실패를 하고도 포기하지 않는 이유를 물었다. 그러자 "나는 실패한 것이 아니야. 이 실험을 하는 5만 가지의 방법을 찾아낸 거라고. 그러므로 이 실험의 성공에 훨씬 더 가까워졌지."라고 대답했다고 한다.

인간은 제자리에 서 있지 않는다. 인간은 뒤로 가거나 앞으로 나아간다. 우리 모두는 끊임없이 개선을 위해 탐색하고, 더 큰 성취로부터 오는 만족감에 동기 부여되어 앞으로 나아간다.

영국의 대기업 윌리엄 하틀리의 영업 책임자인 웨스턴은, 세일즈맨이 갖춰야 할 자질로 도덕적 용기, 동정심, 빠른 이해력, 친절 등 네 가지를 들고 있다.

이런 자질들은 행복을 발견하고 성공을 바라는 모든 사람들에게 필요하다. 그러나 세일즈맨에게는 특히 이런 자질들이 더 필요하다.

만약 세일즈맨이 이들 잠재력을 갖추고 있지 않다면 잘못된 일에서 에너지를 낭비하는 것이다. 오래된 속담도 있지 않은가?

'라일락 나무줄기에서는 장미가 자라나지 않는다.'

세일즈맨의 14가지 재료

성공적인 세일즈맨을 만들어낼 만한 공식은 없다.

어떤 세일즈맨도 여러 가지 장단점을 갖고 있다. 하지만 중요한 자질이 하나라도 결여되어 있으면 실패하기 쉽다.

아이디어가 풍부한 사람이라면, 그중 하나라도 집중적으로 키워 성공적인 커리어를 만들어나갈 수 있다.

나에게 세일즈맨을 위한 처방전을 만들라고 한다면 14가지의 재료를 섞을 것이다.

만약 한 사람이 이 요소들을 모두 가지고 있다면, 실패할 걱정은 하지 않아도 될 것이다.

나 자신도 오랫동안 내 안에 이것들을 심으려 했지만, 결코 쉬운 일이 아니었다.

1. 야망과 패기를 가져야 하지만 참을성 있게 멀리 내다봐야 한다.

2. 압박감 속에서도 판매할 수 있지만 고객에게 압박감을 주어서는 안 된다.

3. 자신의 비즈니스에 정통하고 고객의 비즈니스를 자신의 일처럼 생각해야 한다.

4. 고객에게 얻을 것이 있는지 확인하려고 방문하지 말고 잠재고객의 욕구를 먼저 파악해야 한다.

5. 영업기술로써 판매 방법과 상품 지식을 정리해야 한다.

6. 설명할 계획으로 고객을 방문하지만 고객이 이야기하도록 해야 한다.

7. 고객의 아이디어를 끌어내고 확장하지만 결코 자기 것이라 주장하지 않는다.

8. 충분히 설명할 계획을 세우지만 상황에 따라 임기응변도

가능하다.

9. 거절당하는 것보다 더 쉽게 판매할 수 있지만, 거절하더라도 고객을 당황하게 하지 않는다.

10. 개성이 강하지만 튀는 성격이 되어서는 안 된다.

11. 말은 유창하지만 침묵이 금이라는 것을 알아야 한다.

12. 발로 뛰는 것을 알지만 머리로 생각할 줄도 알아야 한다.

13. 깔끔한 외모와 옷차림에 관심이 있지만, 실제적인 아이디어와 사고력으로 판매를 뒷받침한다.

14. 거절당하면 물러나는 법도 알아야 한다.

◆ 자신에게 충분한 용기가 있다면 어떤 새로운 시도를 해볼 수 있을까요?

◆ 자신의 분야에서 성공하기 위한 자질 및 역량에는 어떤 것들이 있을까요?

◆ 그중 자신이 우선적으로 개발해야 할 자질 및 역량은 무엇일까요?

◆ 그것을 위한 필요한 정보나 지식, 기술, 태도는 무엇일까요?

◆ 당장 무엇부터 하면 좋을까요?

그 어느 것도 스스로 팔리지 않는다.
건강과 청결도 판매되고 있고, 오락이나 편리함, 심지어 사랑과 로맨스,
재미와 놀이, 상식적인 안전 조치들도 세일즈맨에 의해 판매되고 있다.

제16장

시야를 무한대로 넓혀라

보편적인 판매의 법칙 하나를 알려주고 싶다.

세일즈맨들은 자신에 대해 믿어야 한다. 즉 자신의 상품과 자신의 사회적 역할, 자신이 하는 일, 그리고 판매의 중요성에 대해 믿음을 가져야 한다.

사실상 이것은 인생에서, 개인적인 관계에서, 고용이나 커리어의 성공을 위해 모두에게 적용되는 보편적인 법칙이다.

누구라도 자신의 역량을 발휘하고 싶을 것이다. 그렇다면 가장 먼저 자기 일을 사랑하고 매료되어야 한다.

당신이 매장의 카운터에서 일하는 사람이든, 복잡한 공장 정비 영업을 하는 사람이든 또는 나처럼 보험을 판매하는 사람이든, 인간이 살아가는 데 있어서, 빼놓을 수 없는 중요한 일을 하고 있다.

따라서 자기 임무의 중요성을 과대평가하더라도 큰 문제는 없다. 당신은 자연과 인간이 만들어낸 생필품과 사치품을 유통하는 복잡한 도구의 일부이기 때문이다.

문명은 이 유통 체계에 완전히 의존하고 있다. 우리의 경제는 이 유통 체계가 없다면 수소폭탄 폭발처럼 순식간에 파멸하고 말 것이다. 이 유통 체계란 바로 당신을 말한다.

문을 두드리는 사람들, 매장에서 판매하는 사람, 가방을 안고 돌아다니면서 구매를 권하는 사람, 공장에 원자재를 파는 사람, 공장의 제품을 도매업자들에게 파는 사람, 그리고 판매에 종사하는 많은 사람들이 바로 이 유통 체계를 구성한다. 또 세일즈맨들을 계획하고, 지도하고, 홍보하는 사람들도 여기에 포함된다.

상품을 유통하는 사람들이 없다면 경제는 어떻게 될까?

원시사회에서는 식량의 이동이 거의 없었다. 오히려 남자들이 음식을 찾을 수 있는 곳으로 가야 했다. 하지만 오늘날의 방대한 유통 체계는 식량을 한 지역에서 다른 지역으로 이동시키기도 한다. 심지어 전 세계적으로 유통시키기도 한다. 그리고 이 모든 것이 세일즈맨들이 받아온 주문을 통해 이루어진다.

캔자스주의 농장에서 수확되는 밀은 세일즈맨 없이는 시애틀의 밥상에 오르지 못한다. 동시에, 또 다른 세일즈맨들은 농부가 땅을 경작할 수 있도록 트랙터를 유통하기도 한다. 좋은 수확물을 얻기 위해서는 비료도 필요하다. 사료는 겨울 동안 가축들의 먹이로 필요하다.

브리태니커 백과사전은 판매를 이렇게 정의하고 있다.

'판매 유통이야말로 미국의 비즈니스 머신에 시동을 거는 불꽃 플러그다. 산업과 상업의 바퀴를 돌리는 동력이 바로 거기에서 시작된다. 그리고 그것은 일과 일자리, 부를 창출한다.'

사실 서양은 인간의 생산 문제를 성공적으로 해결했다고 할 수 있다. 하지만 여전히 유통 문제를 해결해야 한다.

이는 단순히 한 장소에서 다른 곳으로 물자를 운반하는 것을 의미하지 않는다. 즉 무언가를 필요로 하거나, 원하거나, 또는 사용할 수 있는 사람들을 찾아, 물자가 손상되거나 썩을 때까지 방치하지 않는다는 것을 의미한다. 또 필요하거나 원하는 물자를 만들어낸다는 것, 어떤 물품이 전에는 사용되지 않았지만, 다른 사람들에게 유용하다는 것을 증명하는 것을 의미하기도 한다.

우리는 인간의 창조적인 천재성을 숭배한다. 하지만 아무리 천재적인 발명품이라 해도 그것의 가치를 알지 못하거나 세상에 팔 방법을 모른다면 위대한 발명품도 사장되고 말 것이다.

여기서 더 이상의 설명이 필요 없는 헨리 포드와 말 없는 마차에 대한 이야기가 떠오른다. 그것은 증기기관이나 동물의 힘을 빌리지 않고 사람들을 이동할 수 있도록 한 놀랍고도 값비싼 기계이다.

미국의 몇몇 박물관에 가면 1880년대에 만든 초창기 시절의 자동차들이 진열되어 있다. 이곳을 방문한 사람들은 이 조잡한 자동차들을 현대의 뛰어난 자동차들과 비교하면서 실소하고 말 것이다.

하지만 미국에 자동차를 유행하게 만든 것은 자동차를 발명한 사람이 아니다. 수많은 사람들에게 자동차를 보급하고, 소득과 관계없이 모든 계층에 판매하려고 생각했던 사람이다.

포드라고 하는 천재가 없었다면 디트로이트를 중심으로 한 거대 자동차 제국은 탄생하지 않았을 것이다. 포드의 판매 영업이 국민에게 기여한 것은 자동차를 이용하는 즐거움과 편리함만이 아니었다. 석탄이나 철강, 고무, 석유, 그리고 다른 많은 산업계에도 엄청난 고용을 이끌어냈다.

고용에 대해 한번 생각해 보자! 이것은 영업의 귀재들이 이룩한 위대한 일이다.

포드는 다른 사람이 잘 알지 못하고 있던 '판매의 순환'이라는 것에 선견지명을 갖고 있던 똑똑하고 멀리 내다볼 줄 아는 대실업가였다.

판매의 순환이란 영업을 통해 상품이 아주 많은 사람들에게 팔리고 나며, 상품의 질은 높아지면서 시장이 형성된다. 그렇게 되면 더 싼 가격에 상품을 만들 수 있고 더 큰 시장이 형성된다는 것이다. 다시 말해, 큰 시장은 더 많은 대량 생산을 유발하고 더 낮은 가격에 생산할 수 있게 한다. 즉 더 낮은 가격에 판매할 수 있는 더 큰 시장을 갖게 된다는 것이다.

하와이를 여행하던 중 하와이에서만 생산되는, 아주 맛있는 토종 견과류인 마카다미아 열매가 있다는 것을 알게 되었다. 이 열매는 풍부하게 생산되고 있었고, 과육도 많거니와 이국적인 느낌의 열매였지만 무슨 이유인지 시중에서는 찾아볼 수가 없었다.

출하량을 살펴보니 미국 본토에도 극히 소량이 유입되고 있었는데, 하나의 아울렛 매장에서만 판매되고 있음을 알게 되었다.

그 후 나는 곧장 생산업자와 본토 대리점 계약을 맺었다. 마카다미아는 곧 본토에 대량으로 들어와 대량으로 판매되기에 이르렀다.

그 일을 계기로 나의 본업인 보험 영업도 활기를 띠게 되었다. 마카다미아 도매상 및 소매상들에게 더 활기차게 보험을 판매할 길이 열렸기 때문이다.

내가 특별히 새로운 일을 시작하려고 한 것은 아니었다.

하와이 특산물인 마카다미아는 그 자체로 이국적인 맛의 열매여서, 본토 사람들도 먹고 싶어 할 거라는 생각에 유통을 시작했을 뿐이었다. 새로운 상품을 개발한 것이 아니었다.

상품은 가치를 알아보고 세상에 알리고 설득하는 세일즈맨이 없다면 대량으로 유통되지 않는다.

나에게 마카다미아는 숨겨진 진주였다. 이렇게 해서 세계 사람들이 즐겨 먹고 있는 이 열매는 세상의 빛을 보게 되었다.

물론 자동차 이야기라면 이해할 수 있지만, 나무 열매 하나에 거창한 의미를 부여할 필요가 있겠느냐고 말하는 사람도 있을 것이다. 그러나 말 그대로 하와이에서 수백 명의 가난한 가정들이 이 견과류 채집과 포장으로 일자리를 얻었다.

농장 소유자들과 재배업자들로부터 징수한 막대한 세금은 학교와 공공 병원을 짓는 데 사용되었고, 본토로 해상 운송된 봉지와 상자는 화물선 선원들의 임금을 지불하는 데 기여했다.

이는 마카다미아의 판매에서 비롯된 수많은 산업적 기능의 광범위한 파급효과 중 극히 일부에 지나지 않는다.

다음 이야기는 1930년대로 거슬러 올라간다.

암모늄 티오글리콜레이트라는 다소 긴 명칭의 콜드액을 사용해, 열기를 이용하지 않고 여성의 머리에 반영구적인 컬을 만드는 위대한 화학적 성과가 발표되었다. 콜드파마 시대가 서막을 연 것이다.

이제부터는 누구라도 이 작은 키트를 구매하면 아무 때나 아주 경제적으로 친구나 자매의 손을 빌려 쉽게 파마를 할 수 있게 되었다. 화장품업계에 새로운 시대가 도래한 것이다.

하지만 실제로 그랬을까? 홈 파마용품 키트가 화장품 매장에 늘어서기 시작했다. 가격은 저렴했고 목적도 효과적으로 달성했지만 아무런 반향도 불러일으키지 못했다.

누구도 그것에 대해 들어보지 못했기에 살 사람이 없었다. 이런 이유로 새로운 이 발명품도 제대로 대중의 주목 한번 받아보지 못하고 사라질 처지에 놓여 있었다.

바로 그때 두 청년이 나타났다. 그들은 화학자도 아니고 발명자는 더더욱 아니었다.

그들은 세일즈맨에 지나지 않았다. 그러나 그 청년들은 이 새로운 제품을 믿고 있었다. 만약 미국 여성들이 이 새로운 발명품의 장점에 대해 알게 된다면 분명히 팔릴 거라고 확신했다. 제품 이름도 '토니'로 바꿨다. 그리고 그 시대를 가장 잘 표현한 광고 카피인 '어느 쪽의 쌍둥이가 토니를 가지고 있나요?'를 만들었다.

오늘날 미국에서는 매년 수천만 개의 홈 영구 파마 키트가 팔리고 있다. 지금은 토니(현재는 질레트가 소유)뿐 아니라, 레버 브라더스, 프록터 앤 갬블, 리처드 허드넛 등 주요 대기업들도 만들어 판매하고 있다. 만약 세일즈맨의 용기와 상상력, 열정이 없었더라면 오늘날까지 그 상품이 빛을 발하고 있을지 의문이다.

이처럼 영업은 대량 생산에 필수적인 기능이다. 그러나 불행히도 이 일을 제대로 이해하지 못하고, 이 일에 종사하는 '그저 판매원'이라고 지칭하는 사람들도 많다.

최근 바이오사의 생산 감독자인 하워드 콘넬은 프랭클린 루스벨트를 세계 최고의 세일즈맨 중 한 사람이라고 생각한다고 나에게 말했다.

"루스벨트의 화롯가 담화를 기억하고 있을 겁니다. 이는 루스벨트 개인을 유명하게 한 결정적인 역할을 했습니다. 나는 항상 루스벨트 대통령이 라디오 청취자가 아니라, 사람들에게 직접 말하는 것 같다는 느낌을 받고는 했어요. 하지만 그것 때문에 그가 세상을 떠났을 때, 저는 개인적으로 큰 상실감을 느꼈습니다. 친구를 하나 잃은 것 같은 슬픔이었죠. 이것은 그의 정치와는 아무 상관이 없었습니다. 단지 그의 성격과 엄청난 성실성, 그리고 그와 나 사이에 인간적으로 맺어진 우정에서 비롯된 것이죠. 과연 그는 나에게 무엇을 팔았을까요? 그는 나에게 인간의 위대한 자질인 자신감과 용기, 존엄성, 품위, 자유라는 오래되고 멋진 상품을 판매한 위대한 세일즈맨이었습니다."

번영, 종교, 선행, 인간에 대한 믿음, 교육, 읽고 쓰는 능력도 모두 판매의 결과이다. 이 모든 것들은 기계와 상품, 신앙, 서적, 식량, 의류, 그리고 보험의 판매를 통해 생겨났다.

판매가 사회에 어떻게 작용하는지 모르는 세일즈맨은 열정을 갖기 어렵다. 세상이 얼마나 세일즈맨의 활동에 의존하고 있는지, 이에 대한 이해와 믿음이 없다면 결코 열정도 생겨날 리없다. 열정이 없는데 어떻게 영감을 얻고 성과를 올릴 수 있겠는가.

"모든 것은 팔려야 한다."고 레버 브라더스 펩소덴트의 대표 찰스 립스콤이 말했다.

"그 어느 것도 스스로 팔리지 않는다. 건강과 청결도 판매되고 있고, 오락이나 편리함, 심지어 사랑과 로맨스, 재미와 놀이, 상식적인 안전 조치들도 세일즈맨에 의해 판매되고 있다. 세일즈맨이 없었더라면 우리는 아마도 강 건너 창고에 보관되어 있는 우유와 버터를 가지러 추운 겨울밤에 덜덜 떨면서 강을 건너야 했을지 모른다."

젊은 세일즈맨이 그 이름에 걸맞지 않게, 자신이 이용당하거나 불필요한 일을 하고 있다고 느낀다면 실패할 것이다.

세일즈맨은 결코 터무니없는 직업에서, 혹은 바쁜 하루의 소중한 시간을 쪼개 고객에게 호의를 베푸는 것이 아니다. 따라서 영업이 문명과 경제, 유통, 사회 조직을 구성하는 초석이라는 사실을 이해하는 젊은이에게 인생은 이미 승리한 거나 다름없다.

그는 이 세상에 도움을 주려고 고객이나 잠재고객을 방문한다. 그는 누군가 자신을 원하고 필요로 한다고 느끼며, 정해진 판매의 기술이 없음에도 영업에 열정을 쏟아붓는다. 세상은 그런 사람들에 의해 정복될 것이다.

나는 그들에게 이렇게 말하고 싶다.

"당신의 능력은 오로지 스스로가 제약하는 것에 의해서만 제한된다. 그러니 시야를 무한대로 넓혀라."

◆ 자신의 상품과 자신의 사회적 역할, 자신이 하는 일, 그리고 판매의 중요성에 대한 스스로의 믿음을 평가한다면 몇 %라고 할 수 있을까요?

◆ 만약 100% 상태가 되었다면 어떤 모습과 태도로 어떻게 활동하고 있을까요?

◆ 그렇게 되기 위해 무엇이 필요한가요?

◆ 그렇게 되기 위해 당장 할 수 있는 것은 무엇일까요?

어떤 도전이든 받아들여라

앞서 인용한 찰스 립스콤이 최근에 기사를 썼는데, 내가 읽은 몇 권의 책보다 많은 의미를 담고 있었다.

'나는 내 아들이 세일즈맨이 되기를 바란다'가 타이틀이었다.

그는 "사람이 살아온 길을 되돌아보고, 자신의 직업을 아들에게 권할 수 있는 사람은 행복하다."고 글을 썼다.

나 역시 평생 판매에 종사했기에 이를 돌이켜보면, 재능 있고 인내심과 자신감에 충만한 젊은이에게 영업만큼 보람찬 직업은 없을 거라고 자신 있게 말할 수 있다.

나는 이 책을 통해, 내 경험과 동료들의 경험, 우리의 이론들, 그리고 우리의 방법들을 자세히 설명했다.

이제 더 이상 '세일즈맨의 죽음(아서 밀러의 소설. 주인공 윌리 로만은 원래 전원에서의 생활과 일을 좋아하는 사람이었지만, 30년간 세일즈맨으로 살아오면서 성실하게 일하면 반드시 성공한다는 신념을 가진 사람이었다. 그래서 두 아들에

계도 자신의 신념을 강요하며 성공하길 바랐다. 하지만 두 아들은 기대와 다르게 타락해버렸고 자신도 오래 일해 온 회사에서 비정하게 해고를 당하고 만다. 궁지에 몰린 그는 장남에게 보험금을 남겨주고 자동차를 과속으로 몰아 자살한다. 장례식 날아내는 주택 할부금 납부도 모두 끝난 지금, 집에는 아무도 살 사람이 없다며 무덤 앞에서 울부짖는다.) 같은 이야기는 현실에 없다.

실제로, 윌리 로만과 같은 사람들은 모두 사라지고 그 자리는 새로운 유형의 사상가들이 차지하고 있다.

데일 카네기가 내 판매 활동에 관해 칼럼을 써주었다. 글에서 그는 내가 개최한 파티와 맺어온 우정, 내가 교류하던 사람들과 겪었던 일들에 대해 언급했다. 그리고는 독자들에게 이렇게 물었다.

"엘머의 방법 중에서 당신이 활용할 수 있는 방법이 얼마나 있는지 살펴보라. 단 하나의 방법만 제대로 활용할 수 있어도 큰 성공을 거둘 것이다."

이것이 바로 이 책을 통해 내가 여러분에게 말하고 싶은 것이다. 즉 내가 해온 여러 가지 방법 중 적어도 한 가지만이라도 영감을 얻어 성공하기를 희망한다.

각자가 자신의 스타일에 맞게, 다른 것, 더 좋은 것, 더 큰 상품을 판매할 때 사용할 수 있는 방법으로 말이다.

나의 방법 중 일부는, 업종이 다르고 취급 상품이 다르기 때문에 당연히 방법을 수정해야 할지도 모른다. 하지만 이 아이디어들은 여러분의 필요에 맞게 해결할 수 있을 거라고 믿는다. 제시된 아이디어들은 판매의 기본 원칙을 보여주는 것들로, 여러분이 어디에 있든, 무엇을 팔려고 하든 변함이 없다고 생각한다.

성적이 좋은 똑똑한 우등생이 세일즈맨이 되고 싶어 한다는 이야기는 거의 듣지 못했다. 이런 학생들은 대부분 법률가나 의사, 교육자 또는 화학자 같은 직업을 지망한다. 또 기계를 만들고 싶어 하지만 판매 영업은 하고 싶지 않을 수도 있다. 수학이나 통계를 배워 보험회사의 보험사정인 자격을 원하지만, 보험 판매를 연구하기 위해 진학한다는 건 꿈도 꾸지 않는다. 그래서 찰스 립스콤의 글이 나에게 깊은 인상을 준 것이다.

젊은이들에게 세일즈맨의 진가를 이해시키기 어려운 이 시대에, 그는 아들에게 이렇게 말했다.

"아들아, 너는 세일즈맨이 되길 바란다. 왜냐하면 유능한 세일즈맨은 이기적인 사람이 없기 때문이다. 세일즈맨은 다른 사람들이 필요로 하는 것과 갖고 싶어 하는 것들에 대해 생각한다. 그래서 세일즈맨이 되는 것은 좋은 일이라고 생각한다. 세일즈맨은 다른 사람들과 잘 지내는 법도 배워야 한다. 또 리더

십과 상상력이라는 자질을 길러야 하고 무엇보다 건강해야 한다. 왜냐하면 세일즈맨의 삶은 결코 쉬운 일이 아니기 때문이다. 정신은 바짝 차리고 성격은 원만하고 유연하게 유지해야 한다."

우리는 지금까지 세일즈맨의 역할을 제대로 인식하지 못하고 있었다. 그래서 위의 글은 세일즈맨의 진정한 역할을 일깨워주는 경종을 울리는 내용이 아닐 수 없다.

우리는 젊은이들에게 세일즈맨이라는 업무의 중요성, 존경할 만한 가치가 있는 이유, 지식이 필요하고, 도전적이고, 기회가 많은 일이라는 사실을 이해시키지 못했다.

우리는 또한 젊은이들에게 신앙심을 팔고 민주주의를 팔고, 무지를 배척하고 진보를 향한 열정도 팔았다. 하지만 판매의 정신은 팔지 못했다. 상품이나 서비스, 아이디어와 이상을 판매하는 데만 몰두한 나머지, 가장 재능 있는 젊은 남녀를 우리의 진영에 포함되도록 설득하는 일을 간과하고 있었던 것이다.

세일즈맨이 지적으로 열등할 거라는 막연한 편견은 사실이 아니다. 어림도 없는 소리다! 세일즈맨들 중 많은 사람이 학교 우등생 명단에 올라 있었고, 많은 사람이 졸업생 대표를 배웅할 정도였다.

대부분은 고교나 대학을 나왔고, 경영학을 전공했거나 공장,

사무실의 하위직에서도 나왔다.

그들은 단지 세일즈맨이라는 직업의 무한한 가능성에 이끌렸을 뿐이다.

립스콤이 덧붙여 말했다.

"세일즈맨이 되는 것이 훨씬 낫다. 돈을 벌 수 있기 때문이다. 게다가 세일즈맨이 되면 더 좋은 것은 능력이 된다면 더 큰 돈을 벌 수 있기 때문이다. 당신이 상품을 이동시키면 상사는 알게 될 것이고, 세일즈맨의 보수는 성과에 대한 보상이기 때문이다."

내가 상상할 수 있는 어떤 직업보다 세상을 정복할 수 있는 일은 세일즈맨뿐이라는 생각이 든다. 세일즈맨에게는 한계가 없다.

수년간에 걸친 세일즈맨 경험은 인생에도 큰 도움이 되고, 젊은 세일즈맨이라면 놀라운 속도로 성장하는 모습을 확인할 수 있었다. 이미 언급했지만 내가 20대 초반에 양모 판매로 올린 수입은 엄청났다. 많은 돈을 벌 수 있다는 것은 이 직업의 큰 장점이다.

내가 영업에 종사했던 까닭에 양모 시장이 쇠퇴기로 접어들었을 때, 나의 커리어와 경험을 살려 완전히 다른 업종으로 이

직도 할 수 있었다.

아무리 생각해도 다른 어떤 직업보다 세일즈맨만큼 좋은 일은 없는 것 같다. 이것만큼 가족과 국민을 편하고 명예롭게 하는 일도 없고 활동 범위가 무한대인 직업도 없다.

어렵고 힘들게 비틀거리며 살고 있던 사람, 교육을 받아야 할 시기를 놓쳐 다시 공부를 시작하기에는 다소 늦었다는 것을 알게 되어, 이 업계에 몸을 담은 사람도 있다.

기죽을 일이 아니다. 최고의 세일즈맨들 중 많은 사람들 역시 미래의 생계를 꾸려나갈 준비가 부족했기에 이 업계에 뛰었고 큰 성공을 거두었다.

인생의 행로를 바꾼 세일즈맨들은 그것이 인생 최고의 결정이었음을 알게 된다.

자신을 동정할 필요가 없다.

상품과 서비스를 유통하는 세일즈맨들 때문에, 세상의 모든 사람들이 생산자와 판매자이자 소비자와 구매자가 될 수 있었다.

이는 자랑스러워할 만한 일이다.

만약 세일즈맨들이 자신이 하는 일의 중요성을 이해하고 있다면 어떤 난관도 이겨낼 것이다. 판매는 그 자체로 위대한 도전이며 하나의 자기 계발 과정이기 때문이다.

자신의 목표를 달성하는 것보다 더 성공적인 영업 전략은 있을 수 없다. 왜냐하면 지시된 목표가 아닌 스스로 정한 목표이기 때문이다. 자신을 향상시키기 위한 방법 중에, 이전의 자신보다 더 나아지는 것보다 더 좋은 방법은 없다.

도대체 무엇을 팔아야 하느냐고 물어볼지 모른다.

사람에 따라서는 무엇이든 팔 수 있다. 무엇이든 팔 수 있는 사람은 주변 모든 사람을 감동시키는 열정을 갖고 있으며, 새로운 상품에 대해 모든 세부 사항을 배운다. 그리고 이 각각의 일들을 진정으로 사랑한다. 또 어떤 세일즈맨은 하나의 분야에 입문해 평생의 업으로 삼는 사람도 있다.

당신이 전자에 속할지 후자에 속할지는, 당신의 성격이나 판매에 관심을 두기 전의 경력에 따라 달라질 것이다.

단 한 가지 상품을 판매하든 여러 가지 상품을 팔기로 선택하든, 자기 일에 열정을 가져야 한다. 자신이 판매하는 상품을 믿어야 하고, 상품을 판매하는 사람으로서 자신을 믿어야 한다. 그렇지 않으면 다른 사람에게 상품의 장점을 납득시킬 수가 없다.

뛰어난 부동산 세일즈맨인 웹앤넵의 윌리엄 제첸도르프 대표는 자신을 팔아야 한다는 철학을 이렇게 말했다.

"무형의 자산에 가장 높은 가치를 매겨라. 이는 판매 상담을 둘러싼 분위기나 상담으로 이어지게 하는 요소들을 말한다. 즉 사전에 토대를 마련하는 것이 얼굴을 맞대고 나누는 대화보다 더 중요할 수 있다는 의미이다. 세일즈맨이 구매자의 입장에서 물건에 하자가 없는지, 혹은 판매 후의 고객 만족도에 확신을 못 한다면 아무런 가치가 없다. 가격이 싸다는 이유는 구매의 이유가 될 수 없다. 세일즈맨은 개개인이 반드시 같을 필요는 없지만, 한 사람이 세 사람도 될 수도 있다는 점이 정말로 매력적이다. 좋은 거래란 새로운 소유자의 소유물이 지불한 가격보다 더 큰 가치가 있어야 한다."

아무도 당신이 판매하는 상품에 믿음과 열정을 갖는 방법을 가르쳐 줄 순 없을 것이다. 하지만 영감을 얻는 데 도움이 될 만한 방법은 있다.

첫째, 자신이 판매하는 상품에 대해 충분히 알고 있어야 하며, 상품에 대한 모든 세부 사항, 이력, 판매의 가능성, 필요성에 대해 알고 있어야 한다.

둘째, 이 상품이 공동체의 삶과 국민의 행복, 경제에 어떻게 기여하는지 철저히 숙지해야 한다.

우리 모두 국가 경제에 중요한 역할을 담당하고 있다. 이 점에 대한 이해가 깊으면 깊을수록 일에 대한 열정도 커질 것이다. 자신이 하는 일의 중요성을 이해하고 상품을 믿고 헌신한다면, 이를 남에게 권하는 일도 유쾌해질 것이다.

내가 명판을 만들어 많은 친구들에게 나누어줬는데, 그 명판 위에 미소라는 단어를 올려놓고, 판매에 도움이 될 만한 슬로건을 밑에 두었다.

'얼굴을 찡그릴 때는 65개의 얼굴 근육을 움직여야 한다. 하지만 웃을 때는 12개의 근육을 움직이면 된다. 왜 추가근무를 하려고 하는가?'

그렇다. 웃는 것이 쉬운데 왜 얼굴을 찌푸리며 추가근무를 하려고 하는가? 진정으로 자기 일을 사랑하고 그 안에서 기쁨을 찾는 세일즈맨은 그렇게 하지 않는다. 왜냐하면 판매 자체가 삶의, 모든 순간의 일부이기 때문이다.

세일즈맨은 5시에 사무실을 떠날 수는 있지만 직업을 떠날 수는 없다. 왜냐하면 세일즈맨의 삶에 있어 의미 있는 것은, 세일즈맨을 따라 집으로 갈 것이고, 차를 함께 탈 것이고, 잠들 때까지 적극적으로 생각하게 할 것이기 때문이다.

여러분이 어딘가의 사무실에 들어서면, 나의 판매 슬로건이나 내가 만든 몇몇 경구들을 접하게 될지 모른다. 이 글귀들은 나도 알지 못하는 사람들이 자신들의 안내서에 삽입하여 사용하기도 한다. 몇몇 명판에는 내 이름이 표시되어 있지 않을 수도 있다. 심지어 내가 만들었다는 사실도 모르는 동료에게 이 슬로건을 소개받은 적도 있다.

이들 슬로건은 나의 판매 철학을 보여주는 것들이다.

몇 가지는 이미 책에서 언급하기도 했지만, 다시 반복할 필요가 있을 것이다.

7가지의 슬로건을 끝으로 이 책을 마무리하려고 한다.

1. 찾아와 주기를 바라지 말고 항상 먼저 다가가라

수줍거나 은퇴한 것처럼 보이는 세일즈맨은 있을 수 없다.

세상 모두가 당신과 당신의 상품을 기다리고 있다. 모두가 기다리는 이 세상으로 나가 판매하는 것은 당신의 몫이다. 먼저 도착하지 않으면 경쟁자가 먼저 갈 것이다.

당신이 고객에게 다가가고 싶어 하는 것만큼, 고객도 당신과 친구가 되고 싶어 한다.

당신이 솔선수범해서 다가가 친구가 된다면 고객은 감사해할 것이다.

2. 호기심을 유발할 만한 것을 가지고 다녀라

세일즈맨은 주의를 끌어야 하고, 집단에서 벗어난 존재여서는 안 되며, 사회의 주목을 받을 수 있어야 한다. 하지만 이 말은 양날의 검과도 같다. 세련된 방식으로 관심을 끌지 못하거나, 좋은 인상을 주지 못하면 오히려 해가 될 수 있다.

3. 차가운 숫자가 아닌 아이디어를 팔아라

통계를 활용할 줄 알아야 한다. 잠재고객의 말은 지나가는 식으로 언급되거나 그저 혀에서 굴러떨어진 말일 수 있다.

가방에서 꺼낸 서류로 보여주는 것이 좋은 방법이다. 하지만 전적으로 통계 수치에 의존해서는 안 된다. 마음을 얻은 후 다시 한번 마음에 호소해야 한다.

4. 열정을 보여라

당신 스스로 열정을 보이지 않는다면 아무도 당신의 상품을 믿지 않을 것이다. 이것이 판매의 기본이다.

열정은 끓어 넘치는 것이어야 하고 전염성이 매우 강해야 한다. 그러면 당신의 동료나 비서, 가족들, 그리고 당신의 활동 영역에 있는 모든 잠재고객이 영향을 받을 것이다.

당신은 자신의 상품을 믿어야 한다. 이제 막 알게 된 사람처럼 형식적인 태도가 아니라, 전문가로서 철저함을 보여줘야 한다.

5. 사려 깊게 호의를 베풀어라

나중에 돌아올 보상을 예상하지 말고 오로지 상대방을 위해서만 호의를 베풀어라. 보상은 알아서 할 것이다. 그저 우정으로써 특별한 호의를 보여주어라.

6. 작은 요청으로 상대방의 자존심을 세워주어라

고객에 따라서는 당신을 위해 도움을 주고 싶어 할 수도 있다. 하지만 누구에게 요청할 것인지는 신중히 생각해야 한다. 당신 직업의 전반에 걸쳐 매우 중요한 판단의 유연성과 관련된 문제이다.

7. 판매 후에도 이전처럼 일관된 태도를 보여주어라

나는 '거절당한 순간 영업은 시작된다'로 이 책을 시작했다. 이제 여기서 경고 하나로 끝내려고 한다. '고객이 승낙했다고 영업을 끝내서는 안 된다!'

이들 교훈에 이끌려 당신이 알고, 이해하고, 사랑하는 일류 상품으로 무장하길 바란다.

세상이 정복될 것임을 안다면 무한한 성공을 손에 쥐게 될 것이다.

당신의 성공은 자연스럽게 삶의 전 과정, 가족, 그리고 당신을 둘러싼 사람들에게 영향을 미칠 것이다.

당신의 성공은 당신이 판매하는 상품의 성장과 발전에도 영향을 줄 것이다. 그리고 나와 여러분의 작은 노력이 세상의 경제와 산업을 돌아가게 하는 바퀴가 될 것을 믿어 의심치 않는다.

판매는 배울 게 너무 많고 도전적인 일이다. 하지만 책을 통해서도 많은 아이디어를 얻을 수 있다.

판매의 기본은 공부와 독서와 경험의 조합을 통해 배울 수 있다. 어떤 면에서 대면 상담을 시작하기 전에 판매에 유리한 분위기를 조성하는 노력과도 유사하다.

당신의 지성과 성격, 개성, 다른 모든 것들에 경험과 지식이 더해진다면 더할 나위 없이 좋을 것이다.

더 많은 것들을 공부하고 경험하면 자존감도 균형을 이룰 것이며, 당신이 생각하는 이점을 다른 사람에게 납득시키고 판매에 이르게 될 것이다.

- 끝 -

◆ 이 책을 통해 새롭게 알아차린 것이나 정리된 생각은 무엇일까요?

◆ 이 책을 모두 읽고 어떤 것들이 느껴지나요?

◆ 이 책에 소개된 아이디어들 중 적용해보고 싶은 것 10가지는 무엇인가요?

◆ 그중 무엇부터 적용하면 좋을까요?

◆ 그것을 위해 당장 무엇을 하겠습니까?

와일드북
와일드북은 한국평생교육원의 출판 브랜드입니다.

거절당한 순간 영업은 시작된다

초판 1 쇄 발행 · 2023년 4월 19일
초판 5 쇄 발행 · 2024년 1 월 25일

지은이 · 엘머 레터만
옮긴이 · 유광선 · 최강석
발행인 · 유광선
발행처 · 한국평생교육원
편 집 · 장운갑
디자인 · 박형빈
마케팅 · 경영숙 · 김미숙 · 김미정(부산) · 김미정(창원) · 김미정(충남) · 김미진 · 김민정 · 김부자 · 김세경 · 김수자 · 김지혜 · 김진희 · 노희석 · 류경문 · 문유리 · 문혜숙 · 박정원 · 박초희 · 박혜정 · 배새나 · 서미애 · 서형덕 · 성연정 · 손미향 · 송기나 · 신문석 · 신선아 · 신정아 · 오정희 · 유지선 · 이금순 · 이미경 · 이봉선 · 이여정 · 이은경 · 이응준 · 이헌영 · 임정미 · 임주리 · 장선식 · 장정화 · 장현옥 · 전준우 · 전혜린 · 정운란 · 조숙진 · 조환철 · 차영호 · 최경선 · 한성심 · 황준연 · 황진숙

주 소 · (대전) 대전광역시 유성구 도안대로589번길 13 2층
　　　　 (서울) 서울시 서초구 반포대로 14길 30(센츄리 1차오피스텔 1107호)
전 화 · (대전) 042-533-9333 / (서울) 02-597-2228
팩 스 · (대전) 0505-403-3331 / (서울) 02-597-2229

등록번호 · 제2018-000010호
이메일 · klec2228@gmail.com
instagram @wildseffect

ISBN 979-11-92412-45-0 (13320)
책값은 책표지 뒤에 있습니다.

어떻게 친구를 얻고 사람을 변화시킬 수 있을까

워렌 버핏도 극찬한
데일 카네기의 역작!

전 세계
1억 부 판매된
초대형
베스트셀러

타임지 선정
최고의
자기 계발서

국제코치연합
성공철학
필독서

1936년, 초판본 무삭제 완역본

데일 카네기
인간 관계론

데일 카네기 지음 / 유광선·김광수·장비안 옮김 / 4×6배판 / 300쪽 / 값 : 19,000원

이 책은 행동을 위한 실천 지침서이다!

데일 카네기는 세상에는 수많은 능력을 지닌 사람이 많지만, 그중에서도 '친구를 얻고 사람을 변화시킬 수 있는 능력'이야말로 가장 위대한 능력이라고 말하였고, 그러한 자신의 신념을 바탕으로 강의를 진행하였다. 그리고 그 교육에서의 실천사례와 내용을 종합하여 그의 대표 저서인 '인간관계론How To Win Friends and Influence People'을 저술했다. 이 책의 저자는 요즘같이 눈부시게 진보하는 현대 사회에서 인간관계를 조정하는 원리를 찾았고 아울러 풍부한 경험을 바탕으로 알기 쉽게 그 원리를 설명하고자 했다.

어떻게 걱정 없는 인생을 살며 성공할 수 있을까

워렌 버핏도 극찬한
데일 카네기의 역작!

국내 최초 완역 무삭제

데일 카네기
자기 관리론

데일 카네기 지음 / 유광선·김광수·장비안 옮김 / 4×6배판 / 408쪽 / 값 : 18,000원

걱정 없이 살게 해줄 가장 효과적인 실행법!

이 책에서는 '익명의 누군가' 또는 '미스터 킴과 미세스 리'와 같은
상상 속 인물에 관한 이야기를 찾을 수 없다.
일부 드문 경우를 제외하고, 실존 인물의 실명과 사는 곳을 명시하였다.
모든 것은 실제로 일어난 이야기로, 등장인물들이 그 신빙성을 부여한다.
이 책은 오랜 시간을 거쳐 검증된, '걱정을 물리치기 위한'
성공적 비결의 집대성이자 완결판이다.

왜 부자가 되어야 하는가
이 책을 펼친 순간 이미 당신은
부자의 대열에 서 있다.

아마존
최장기
베스트셀러

전 세계
1억 2천만 부
판매된 초대형
베스트셀러

세계 최초
편역 코치의
질문 수록

어떻게 부자가 될 수 있을까

생각하라 그러면
부자가 되리라

나폴레온 힐 지음 | 유광선·최강석 편역 | 280쪽 | 신국판 | 값 18,000원

부자가 되려면 부자와 같은 생각을 하고
그들의 생각을 따라 행동하면 된다.
더 나은 것은 부자의 생각을 훔치는 것이다.

부자를 위해서 살 것인지 아니면

부자로 살 것인지 선택은 오로지 당신의 몫이다

부와 성공에 이르는 길은 그리 멀지 않다.

이 책을 읽은 후 생각하고 행동하는 데 달려 있다.